一本书读懂安东尼·高迪

A BOOK TO UNDERSTAND ANTONI GAUDI

张一梦 著

江苏凤凰科学技术出版社
南 京

序

张一梦的这本书详尽地展示了高迪作品风格随时代发展的推演变化。高迪所处环境的社会、历史和文化转变与其作品的多样性息息相关。当谈到高迪时，这些文脉印记至关重要，因为他的世界观的形成，深深地受到特定自然、宗教、艺术、手工艺、技术和特定地点与时间中社会观感的影响。该书对一系列典型案例进行了深入的分析，重点着眼于设计方法论与设计生成的核心理念。书中还展示了在外观表象背后，建筑师的大部分思想和创作方式如何能够适用于当今时代，并且持续地发挥影响和启迪作用。该书这种特别的方法和有效的分析框架无疑有助于中国读者们快速而清晰地掌握高迪最有特色的作品和思维过程。

难能可贵的是，《一本书读懂安东尼·高迪》并不是又一本树立高迪个人品牌的作品展示集。作者作为一名建筑师，以专业的建筑视角审视了每个作品产生的场地文脉，形式背后的创作理念、含义、结构和空间逻辑，并且亲自绘制了一系列简明易懂的分析图解和草图。一个很好的例子便是古埃尔公园的雨水收集和管理系统分析图，再比如圣家族教堂对哥特式建筑结构的发展图解。该书中的分析超越了对历史主义特征的有限描述，将我们置身于当代建筑的辩论中。例如，她指出了像勒·柯布西耶这样的现代建筑大师在思想上的包容性，而通常肤浅的解读常会认为他与高迪毫不相干。书中精心挑选的照片及图像资料再次体现出分析方法在建筑方面的专业性。它们不仅呈现出每个设计的形式，还重点展现了建筑各个角度的空间特征。在该书内容中，作者特意将案例的展示与理论研究相结合，字里行间透露出对理论的深入反思。这赋予了此书毫无疑问的学术意义和价值，值得建筑、艺术专业的学生及相关从业人员学习参考。

作为该书作者在巴塞罗那博士研究期间的导师和朋友，同时基于对中国学术和专业领域的认识，得知一本如此优秀的关于高迪的著作可以在中国出版，我感到非常满意。出于我对作者的了解，她在塑造方法论与知识体系上严谨且敏感，有着出色的能力。因此，我对该书满怀期待。一方面，该书为中国当代的读者了解高迪打开了一扇窗；另一方面，也为高迪作品的拓展研究提供了别样的视角和方法。作为巴塞罗那当地人，我对这个城市的最初记忆就已经伴随着高迪的这些建筑作品，它们已经融入了城市的日常生活中，难以再带给我惊喜的体验。相对于当地人而言，张一梦的优势在于她自带全新的视角去看待高迪及其背景。出于这个原因，我也希望借此机会补充一点，我希望该书能尽快翻译成西班牙文和英文，以便欧洲读者也能从中受益。无论是作为学习用书、图片资料集还是建筑旅行攻略，各类读者都能在该书中有所收获。此外，该书对像高迪这样的建筑大师有着深刻的认知，我敢肯定这类作品将有助于建筑文化长久有效地传播下去。

路易斯·布拉沃·法雷

建筑师、博士

2020年4月，巴塞罗那

作者序

在西班牙巴塞罗那，高迪有七个作品被认定为世界文化遗产，其中包括一座还在建设中的教堂。他常被建筑史学家们定义为西班牙新艺术运动的代表人物，又被大众贴上“建筑天才”的标签。将近一个世纪过去了，是什么让高迪的作品依然具有强大的影响力？如果只把高迪看成一个建筑师，那他又有哪些值得我们学习的地方？带着这样的问题，笔者从五年前开始追随高迪的足迹，在他曾经学习过的建筑学校收集资料，在他留下最多作品的城市实地考察，汇集成本书。高迪的一生作而不述，仅仅留下只言片语，但他的思想却在其作品中时刻闪耀着智慧的光芒。国内现已出版的相关著作，大多是以画册的方式呈现高迪的作品，让我们很容易陷入美学式的推论，误认为高迪的作品仅仅是一场视觉上的盛宴。但其实在令人称奇的造型背后，高迪的建筑也有着缜密的设计逻辑和理性的结构思考。他在技术与艺术之间找到了一种精妙的平衡，成为一代建筑大师。高迪的成就和天才是难以复制的，但他的设计理念和方法是值得我们深思的。为了弥补现有中文出版物在这方面的不足，也为了使广大读者更有效率、更深入地理解高迪的作品和思想，本书一方面着重对高迪所处的地域与时代背景进行历史观的剖析，另一方面结合实际案例做易懂的图解式分析，力求挖掘高迪作品奇观表象背后的深层文化含义与设计逻辑。最终，通过学习高迪，我们实际上也将学习“如何学习”高迪。相比唯视觉上再现一位大师的作品，笔者相信这种方法框架的建立，将会对广大青年学生、设计师及建筑爱好者产生更为重要的意义。

张一梦

2019 年 8 月，巴塞罗那

目录

第一章

建筑天才养成记：高迪的生平及时代背景

高迪的肖像
图片来源：维基百科

1.1 传奇的个人经历

1852 年 6 月 25 日，安东尼·高迪·科内特出生于西班牙加泰罗尼亚塔拉戈纳省一个名为雷乌斯[1]（Reus）的小镇，他是家里五个孩子中最小的一个。童年的高迪因患风湿热病不便行走，所以他不能像同龄的孩子那样用奔跑和游戏去感知这个世界。但正因如此，他慢慢养成了对事物进行观察与思考的习惯。童年的高迪总是一个人静静地坐着，仔细观察乡间的树木、岩石、水流和自然界中各种动物的形体特征。一块树皮、一只蚂蚁就能陪他度过半天的时间。对高迪后期创作产生深远影响的自然观思想也是从此开始形成的。高迪相信："有一本伟大的书，它就打开在那里等待着我们全心去阅读，那就是自然。"他也曾说："工作室旁的那棵树就是我真正的老师。"虽然行动受限，但他的想象力可以无限驰骋；虽然饱受病痛折磨，但他梦想的脚步一刻也没停止过。

1　雷乌斯镇，属于加泰罗尼亚塔拉戈纳（Tarragona）省，距离巴塞罗那 80 余千米。这里曾是加泰罗尼亚第二大城市，商业和工业中心之一。

高迪的家庭合影
图片来源：维基百科

高迪老年时代的照片
图片来源：维基百科

高迪生于手工艺世家，祖父家是铜匠，外婆家是铁匠。高迪的父亲是个制作蒸馏器皿的锅匠，他教高迪认识各种金属，让高迪了解它们的延展性、硬度等特性及用途，试图引导他成为一个工匠。高迪很早便开始在工作上帮助父亲，他看着平面的铁片被塑造成一个个立体的容器，金属外壳之内有着丰富的空间。正是因为这种对空间本质的直观感受，高迪才立志成为一名建筑师。高迪曾坦言："我能感受到空间，也看得到它的存在，因为我的父亲、祖父和外祖父都是工匠。他们的工作使我受益匪浅。工匠的工作是将平面塑造出立体感，在工作开始之前，他们已经预先感受到了空间的存在。"家庭的手工艺传统为高迪对空间的敏感直觉进行了启蒙，最终化为他建筑思想的灵魂。

高迪并不是一个传统意义上的好学生。在雷乌斯的教会学校读书时，他只学习那些自己感兴趣的科目。比如在几何原理课中，他取得了优异的成绩，而其他许多他不感兴趣的科目则没有通过考试。他在中学阶段就展现出手绘的天赋，为学校周刊绘制插图。带着对建筑的执着追求，中学毕业后，高迪继续前往巴塞罗那求学。21 岁时，他正式成为了巴塞罗那建筑学校[2]的第三届学生。学校的培养使得高迪在空间几何、建筑结构计算等学科中成绩优异。在制图和设计课中，他也总是因做出多个比较方案而获得最高分。但很多时候，高迪并不去上课，而是跑去学校图书馆阅览馆藏的世界各地建筑图片集。高迪对地中海周边地区及东亚地区文化都相当了解。虽然高迪当时并不是学校里最优秀的学生，但学校的教育为他提供了坚实的专业基础知识，使他能有日后的创新蜕变，这一点是毋庸置疑的。

学习之余，因为家庭生活拮据，高迪也勤工俭学补贴家用，他在此时已经开始为很多建筑师工作，参与巴塞罗那的项目实践。1876 年，他和建筑师约瑟普 • 冯特塞雷合作为 1888 年世博会设计了城堡公园（Parc de la Ciutadella）；还成为建筑师胡安 • 马托雷尔的助手并表现出过人的天赋。高迪在这些工作中不仅积累了宝贵的实践经验，也获得了未来职业生涯中关键的人脉基础，比如正是通过建筑师马托雷尔的介绍，他结识了一生中最重要的甲方资助者，同时也是他的挚友——富商古埃尔[3]。高迪能够接手圣家族教堂（简称圣家堂）的建造，也是因为胡安 • 马托雷尔的举荐。

高迪的毕业设计是一所大学的礼堂，细节繁复，遵循了 19 世纪正统学院派的古风。但是随着时间的推移，他逐渐摆脱了历史的重负，找到了一种属于自己的语言。1878 年，高迪毕业并获得建筑师称号，正式开始了他的职业生涯。校长在授予他学位时风趣地说道：“今天，我们是把学位授予了一个天才还是一个疯子，只有时间能告诉我们答案。”虽然高迪的才华在一开始并不被认可，但时间不仅证明了他的天赋，也改变了我们看问题的方式。

2　Barcelona Provincial School of Architecture，现为巴塞罗那高等建筑技术学校（ETSAB）。

3　古埃尔 (Güell)，有时也译作桂尔。高迪的重要作品中，至少有四个出现了他的名字，如古埃尔公园、古埃尔宫、古埃尔庄园、古埃尔工业园区教堂。

1924 年高迪在巴塞罗那大教堂前
图片来源：维基百科

高迪喜欢阅读，他常常通过书籍和当时的杂志了解建筑领域所经历的种种变革，其中拉斯金[4]和勒·杜克[5]对他的影响很大。然而他却从来没有追随过任何潮流，一生中只正式发表过一篇理论文章。因为他更喜欢在实践中思考，让作品达到更深的层次。他总是沉默寡言，性格孤僻，不善交际。他喜欢独自工作，努力钻研几何原理和建筑结构。但他也热衷于远足登山，一直保持着对自然的好奇心。虽然童年的风湿热病伴随了他的一生，但高迪不顾病痛和医生的建议，经常游历于加泰罗尼亚的自然景观之中。1879 年，27 岁的高迪加入了加泰罗尼亚为振兴民族文化而组织的探险考察队，每天骑马或步行近 10 千米，探索加泰罗尼亚和法国南部的自然风光与历史遗迹。1885 年，巴塞罗那爆发了霍乱疫情，高迪又不得不在郊区的村庄巴耶斯度过了几个月的时间，这些在自然里的探索和生活经历进一步给了他创作灵感。

4 约翰·拉斯金，建筑思想家，是英国工艺美术运动的精神领袖。

5 维欧莱·勒·杜克，法国建筑师和理论家，提出了结构理性主义。

高迪一直保持着单身。他在年轻时喜欢过一位女教师，却没有得到回应。于是他将自己全部的精力投入于事业中，痴迷工作而终生未娶。他是一个加泰罗尼亚民族主义者，曾因捍卫其民族文化而被捕入狱，但他却拒绝了政治家建议的竞选活动。他还是一位非常虔诚的天主教徒。米拉之家的建设正逢反教会运动，于是立面上一个圣母像的设计遭到否决，高迪因此拒绝完成立面的建造，还以对酬劳不满为由把米拉家族告上了法庭。然而胜诉后，他把赢得的钱财都捐给了穷人。因为对他来说，贫穷并不等于苦难，富有也不意味着幸福。从 1910 年开始的这十年对于高迪来说是最艰难的：1912 年，一直由他抚养的外甥女小罗莎去世；1914 年，他的主要合作者，也是好友弗兰塞斯克去世；1915 年，一场严重的经济危机导致圣家堂的工作停滞；1916 年，他的朋友约瑟夫•托拉斯也离世了；两年后，他最重要的资助人也是最能理解他的挚友古埃尔去世。也许是因为这些接连不断的悲剧，高迪的身体每况愈下，他甚至还立下了一份遗嘱。1914 年以后，高迪就再没有接手设计新的项目，而是心无旁骛地投入到圣家堂的建造中，在宗教活动中和工作中寻找精神的避难所。1925 年，他搬进圣家堂的工作室居住。年老的高迪过着隐居清修的生活，衣着破旧，生活简朴，除了工作就是祈祷，其他一切对他来说都不重要。孑然一身的他说道：“我最好的朋友都死去了，我没有家，没有客户，也没有钱，我一无所有。现在我可以把自己完全献给教堂了。”

高迪的证件照
图片来源：维基百科

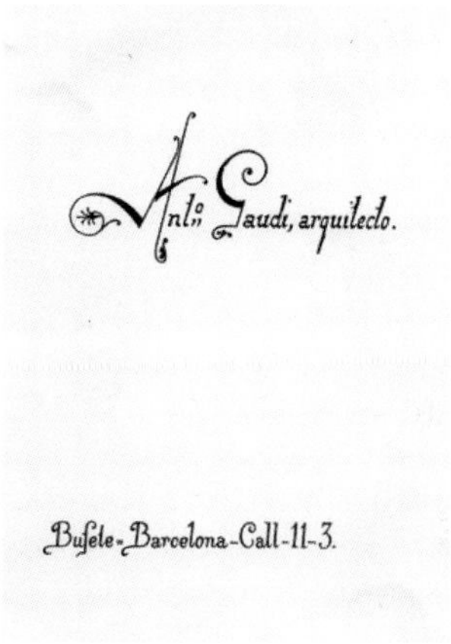

高迪的签名
图片来源：维基百科

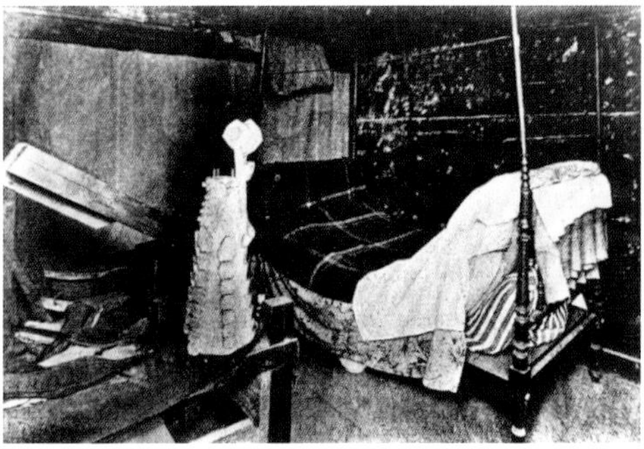

高迪的工作室
图片来源：维基百科

然而，辛勤的工作和虔诚的信仰并未为他带来好运。1926 年 6 月 7 日的黄昏时刻，高迪完成了在圣家堂的一天工作后，像往常一样走在去市中心祷告的路上，他在路上仍然思考着圣家堂的设计，完全没有注意到迎面正在举行通车典礼的有轨电车。就这样，电车飞驰而过，将他撞倒在地并从他身上碾压过去。令人惋惜的是，由于穷困的高迪衣衫褴褛，被误认为是个乞丐，再加上他当时血迹斑斑，车夫都不愿将他送到医院。最后，这位垂死的老人只是被带到了圣十字医院进行了简单的治疗。然而，此时他已失血过多，没有多少生还的希望。三天后，他在医院孤独地离开了人世，享年 74 岁。直到下葬那一天，这位伟大的建筑师才被一位老妇人认出。后来，他被转葬至圣家堂的地下墓室中，长眠于自己仍未完成的作品中。当时前来送葬的市民队伍浩浩荡荡，全城约一半的人穿着黑色服装为之哀悼，人们爱戴作为模范圣徒的高迪，也为他扼腕叹息，一位伟大的建筑师就这么轻易地离开了人们。

高迪的葬礼
图片来源：维基百科

表 1　安东尼·高迪（1852—1926）生平年表

年份	主要事件
1852	6 月 25 日，安东尼·高迪出生于塔拉戈纳省雷乌斯
1863	开始在雷乌斯教会学校就读
1867	同爱德华·托达和约瑟普·里贝拉共同规划坐落于塔拉戈纳省的巴伯列特修道院改造。这两人后来分别成为外交官和外科医生
1868	迁居至巴塞罗那，与学医的哥哥同住，在卡门修道院完成中学学业
1869—1873	学习预科准备进入建筑学校。他的家人也陆续搬到巴塞罗那。为了资助其上学，父亲卖掉了雷乌斯的家产
1873	在巴塞罗那建筑学校开始大学学业，该校于 1875 年被纳入重新规划的巴塞罗那大学，现在属于加泰罗尼亚理工大学
1875	服兵役
1876	为多位建筑师工作以筹措学费。与建筑师约瑟普·冯特塞雷合作城堡公园的装饰部件，该公园在 1888 年世博会时开放。为老师弗朗西斯科·德·比利亚尔绘图，还设计了墓地之门、码头等学生作品。在两个月内，医学院毕业的长兄和母亲相继去世，对年轻的高迪造成精神上的打击，他埋头于建筑学业中苦学
1878	完成毕业设计大学礼堂项目，获得建筑师头衔。为巴塞罗那市区内的皇家广场及宫廷广场设计了路灯。为马塔罗劳动工人合作社设计厂房及大楼。为科梅拉手套商店设计玻璃橱窗，结识了企业家欧赛比·古埃尔，并设计了其岳父科米亚斯伯爵家族墓园的祭祀家具
1879	姐姐罗莎去世，她的女儿小罗莎被托付给高迪照料。同年，高迪加入了加泰罗尼亚科学探索协会
1881	在《复兴》杂志上发表了唯一一篇文章。为西班牙国王阿方索十二世的到访设计建造了一座景观亭

续表 1

年份	主要事件
1882	为胡安·马拉加尔的竞标项目——巴塞罗那大教堂的立面设计绘制草图，并为古埃尔在格拉夫的一所大庄园设计了狩猎屋。但两个设计都未付诸实施
1883	受胡安·马拉加尔的推荐，接手老师比利亚尔规划的圣家堂工程。开始设计文森之家和科米拉斯的奇想屋。在马塔罗纺织工业合作社的车间设计中，首次使用了悬链拱结构
1884	签署文件正式成为圣家堂的建筑设计师。设计了古埃尔庄园内的门房
1885	完成圣家堂第一份完整的设计图纸。设计了古埃尔庄园的龙形大门
1886	完成古埃尔庄园的立面设计，并开始兴建
1887	与新艺术运动的代表建筑师多米尼克·伊蒙达内一起去瓦伦西亚的马尼塞斯学习玻璃陶瓷传统工艺。完成古埃尔庄园的门房建造
1888	完成文森之家的建设。开始负责特蕾莎学院的工程
1890	在几次深入调研后，设计了位于莱昂阿斯托加的主教宫。格拉乌主教对高迪的宗教信仰产生了很大影响
1891	设计位于莱昂的博丁内斯之家，10 个月内完成了建造
1893	为摩洛哥丹吉尔的天主教项目进行设计（未实施）
1894	4 月的斋戒令他险些丧命。完成圣家堂的诞生立面
1895	设计古埃尔在格拉夫的酒窖
1898 — 1900	设计卡尔维特之家，获得巴塞罗那市政府颁发的最佳建筑奖。开始丽景别墅的设计。开始古埃尔公园的项目调研
1902	建造米拉耶斯庄园大门

续表 1

年份	主要事件
1904	开始修缮帕尔马大教堂。提出新方案改造巴特罗之家
1905	开始建造阿尔迪卡斯花园
1906	开始兴建米拉之家。与父亲和外甥女搬进古埃尔公园的住宅居住。父亲在不久后去世
1908	经过十年的研究，古埃尔工业园区教堂开始动工
1909	高迪资助并兴建了圣家堂临时小学校
1910	参加巴黎社会美术展，展示圣家堂诞生立面的彩色模型。因患有贫血病，搬到维克镇休养身体
1911	罹患马耳他热病。因为病情严重而立下遗嘱。移居至比利牛斯山里的布切达小镇疗养并开始设计圣家堂的受难立面
1912	外甥女小罗莎去世
1914	古埃尔公园停工。高迪的友人兼得力助手弗朗西斯科·贝伦格去世。高迪不再接受任何项目委托，专注于圣家堂的建设工作
1917	古埃尔病危并于一年后逝世。古埃尔工业园区全面停工
1924	在参加悼念弥撒时被捕，因为这个弥撒是为追思曾因守卫巴塞罗那而阵亡的加泰罗尼亚战士而举行
1925	高迪搬到圣家堂内的工作室居住
1926	6 月 7 日，被有轨电车撞倒，3 天后去世，此时还有 15 天就是他的 74 岁生日

1.2 世纪之交的时代背景

虽然高迪的人生经历坎坷而传奇，但谈论高迪的作品时，如果只论其个人探索而忽视他所处的历史时代、社会经济发展状况等大背景，就会掉入单纯形式主义的陷阱。建筑是人类文明的重要组成部分，再个性的发展也无法摆脱文明发展总趋势的影响。设计史学家王受之在《世界现代建筑史》[6]中谈到建筑史观时，以高迪为例指出：即使高迪的设计在当时看似“放荡不羁、远离主流”，也依然是在新艺术运动的“强调有机主义、反传统装饰、受东方建筑影响”的范畴中进行的探索。因为高迪作品的独特性，许多人可能会认为，这一切完全是他个人的天才创作。而事实上，高迪那些天马行空的建筑想象并不是空穴来风，他的创作离不开他所处的时代背景与地理环境。一方面可以说是时代造就了高迪的作品，他经常被归入“新艺术运动”中，被称为加泰罗尼亚地区新艺术运动的先驱和代表人物；另一方面，高迪又并不刻意追随某种风格，其建筑思想融合了自然、美学、宗教、民族等多方面的思考。

高迪到巴塞罗那时，正值 19 世纪末，世纪之交往往是一个关键的历史变革期。伴随着第一次工业革命，社会结构发生了明显的改变，资产阶级推动的工业化生产逐渐取代了手工制造业，城市化进程飞速加快。面对这种情况，建筑师和艺术家们开始打破传统，试图用新的思维方式迎接新时代的到来。新艺术运动（Modernisme）最早由一群年轻的知识分子发起，他们想要把艺术和文化融入新的社会形态中，创造出他们自己的风格。不仅在视觉艺术领域，它还影响到音乐、文学创作等多个领域。与学院派的古典艺术形式不同，新的创造者们反对教条的规范，拒绝单一重复的工业技术，提倡手工艺中多种技法的独特创造，也可以使用现代的技术。与 19 世纪 60 年代在英美产生的工艺美术运动目的相似，新艺术运动也是对工业批量生产的粗糙制品所做出的反应。这场先锋运动波及了欧美十几个国家，在欧洲各地有不同的叫法（先锋派运动、青年风格派、分离派等），并且在每个国家表现出不同的风格，是一个复杂的、多元的文化运动。比起一种历史风格，这场运

6 王受之 . 世界现代建筑史［M］. 第 1 版 . 北京：中国建筑工业出版社，1999.

动更像是提供了一个宽阔的平台，可以容纳多样的个人新风格。尽管这些作品体现出类似的特点，如迎合曲线的生长形态、拒绝单一和直线条、对手工艺与装饰的重视等，新艺术运动仍然是一个多种作品共同酝酿、复合而成的果实。虽然新艺术运动持续的时间很短暂，最终没有敌过工业革命的洪流，但却创造了许多新的形式，作为一种文化趋向也在建筑史与艺术史上具有重要的意义。它是一种当时整个欧洲文化界盛行的新世界观，一种审美广泛转变的集中体现。

高迪常常被历史学家定义为加泰罗尼亚新艺术运动的代表人物。西班牙的这一建筑新思潮在巴塞罗那广泛确立并开始传播到加泰罗尼亚的其他地区。“Modernisme”一词虽然在字面上有“现代主义”的意味，但它并不是 20 世纪 20 年代所指的现代运动，甚至在光秃秃的白盒子盛行时，因其立面装饰主义掩饰了真实的结构体而成为被打倒的对象，其价值直到 1970 年才重新被肯定[7]。在世纪之交产生的新艺术运动更多地意味着一种加泰罗尼亚地区产生的特定时代的新思潮，也可以看作是欧洲现代建筑的第一阶段，因为虽然摒弃了历史主义，但其还是在一定程度上依赖着旧的形式[8]。被称为新艺术运动的加泰罗尼亚现代主义始于 1878 年 2 月，建筑师尤义斯·多蒙尼克（1849—1923）在复兴报发表文章《探索一种乡土国家建筑》，他指出：“新的建筑代表了新的文明而非某一地域性的建筑；历史的风格必须和新的形式、新的技术、新的需求相结合。”文章表达了加泰罗尼亚发展出新形式的必要性，但仍然需要结合民族的文化传统。自此，新艺术运动成了加泰罗尼亚地区建筑思潮的主流，古典的历史规则不断被建筑师们转化为新的建筑语言。1883 年至 1931 年间，超百位建筑师参与其中，并表现出很高的设计水平。多蒙尼克的主要作品圣保罗医院和加泰罗尼亚音乐宫也因对此运动的贡献被列入世界文化遗产名录，它们表现出了摩尔风格和砖、铁艺等传统工艺与新建筑的结合。

7 后德仟．高迪的现代主义和现代建筑意识［J］．建筑学报．2003(4):68.

8 威廉·J·R·柯蒂斯．20 世纪世界建筑史［M］．北京：中国建筑工业出版社，2011:54.

在加泰罗尼亚地区，经济增长、社会阶级变化、多地的城市扩张和加泰罗尼亚在西班牙取得自治权的愿望等因素一起促成了新艺术运动的发起，其中也融合了重振民族文化的需求。在 19 世纪的后半叶，欧洲的工业发展对社会和政治环境都产生了巨大的影响。工业革命带来了技术的革新，大大促进了经济发展。批量生产需要更多的工业区和工人，进而导致了 19 世纪末的大型人口迁移，大量农村人口涌入城市，城市空间亟须扩张。1854 年，巴塞罗那的旧城墙被拆除，短短几年间，城市扩大了 10 倍以上，人口增加了 4 倍。率先发生工业革命的巴塞罗那，其港口贸易和纺织业等迅速发展，为了获得更多的城市空间承载新兴社会的大型建筑，政府在巴塞罗那老城与附近的 5 个零散村落间的“真空”地带中展开了一轮雄心勃勃的新规划。1859 年，工程师塞尔达提出的规划方案为巴塞罗那城市未来空间的发展奠定了基础框架。此方案用大量无差别的街区方格网连接起了巴塞罗那老城与周边的村镇，棋盘式的方格街区用平等的空间体现出了一种全新的社会理想，即穷苦工人可以和权贵阶层享有同样高质量的城市空间，城市发展将更加高效。这就是著名的巴塞罗那扩建区规划。

经济发展也促成了社会上一批新兴资产阶级的出现，他们是依靠工业革命获利的工业家、银行家、商人等。蓬勃发展的行业和在巴塞罗那不断增长的财富为他们带来了新的社会地位和权力。资产阶级找到了一种有效的方式来展现他们优越的经济地位。这一社会阶层成了新艺术运动最主要的消费者，他们指挥建设、更新并装饰了那个时期最具象征意义的建筑。1888 年的万国博览会和 1929 年的国际博览会又极大地推动了城市的现代化转型，巩固了巴塞罗那作为一个大都市的地位。扩建区中部是新兴资产阶级聚集的区域，商人们纷纷花大价钱支持那些有才华的建筑师来建设自己的住宅，希望在城市全面改造的进程中，在具有潜力的空白空间中，用建筑来体现他们的经济实力并投资房地产。富足的经济催生出新的艺术需求，也为高迪实现那些奇思妙想提供了足够的资金支持，他的作品米拉之家、巴特罗之家等就是在这样的情况下产生的。

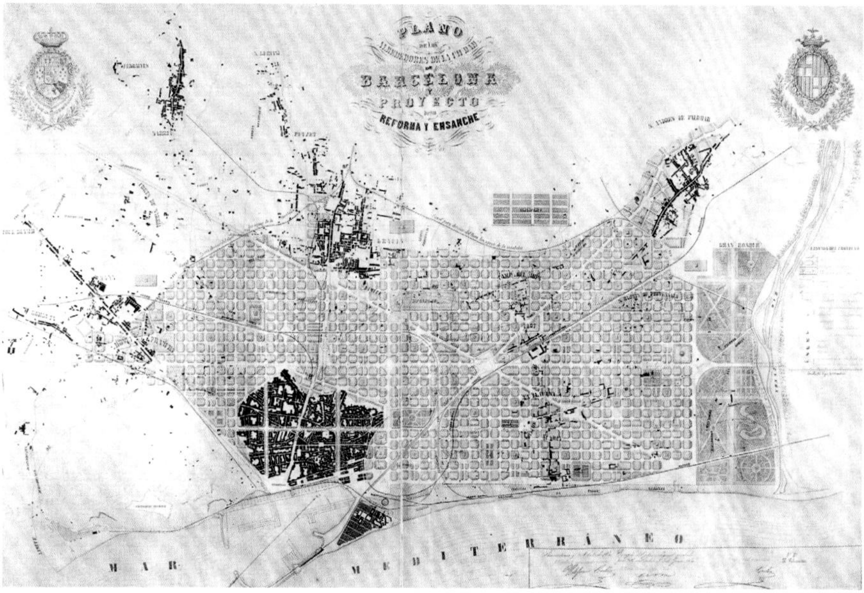

1992 年的巴塞罗那城市地图
图片来源：https://architectureofthegames.net/1992-barcelona/

对高迪影响最深的大家族是富甲一方的纺织业巨头埃乌塞比·古埃尔（1846—1918）。他不仅有能力给予高迪足够的资金支持，而且欣赏高迪的才华，给他全面的自由进行创作，这几乎是所有建筑师的梦想。高迪也没有辜负古埃尔的重托，尽职尽责地以高标准完成了自己的设计。可以说，高迪的成就有一半要归功于这位支持者，因为古埃尔的全力支持使高迪能够不受限制地尽情发挥想象力，在实践中不断发掘和优化新的概念。高迪为古埃尔设计的多个作品获得了新兴资产阶级的好评，也为他带来了更多的委托项目。不仅如此，古埃尔还是一位有着社会责任感的实业家，为了实现改造社会的理想，他先后在 1891 年和 1900 年请高迪为他设计了两个实验性的社区，前者是为他的纺织厂设计的一座工人合作社，后者是一个田园城市概念的中产阶级居住区。古埃尔和高迪志同道合，他们还有着共同的宗教和民族信仰，一起积极捍卫加泰罗尼亚的语言和文化。古埃尔是当时少数能欣赏并理解高迪设计的人之一，他不仅委托高迪设计项目，还成为高迪的挚友。

加泰罗尼亚的新艺术运动与欧洲其他地区的新艺术运动相比有着明显的不同。从地域上来说，巴塞罗那是位于西班牙东北部的加泰罗尼亚自治区的首府，地处欧洲西南角的伊比利亚半岛，在历史上经常受到外民族文化的影响。公元前 38 年，古罗马皇帝奥古斯都曾将西班牙收归古罗马，在今天的巴塞罗那老城区内依然可见公元 4 世纪的古罗马古城墙片段。在西班牙的北部，跨过比利牛斯山就是法国，而往南与直布罗陀海峡一线之隔的就是非洲。北非的摩尔人、阿拉伯人曾占领了西班牙南部 800 年。摩尔人的东方装饰艺术风格、中世纪的哥特式风格都渐渐融入了加泰罗尼亚的文化骨髓中，变成他们民族传统特色的一部分。随着西班牙王位继承之战，西班牙丧失了多块殖民地，国力大减，于是巴塞罗那新兴资产阶级对新艺术运动和民族文化振兴的支持就成为他们爱国主义的一种表现。巴塞罗那的工业和现代化程度给“九八一代”[9]的学者和艺术家提供了土壤，也让这些加泰罗尼亚精英成为传统和现代之交的思想者。就像高迪的建筑，虽然并没有改变当时西班牙的政治现实，但是却以思想的方式留存了下来。

巴塞罗那老城区内古罗马城墙遗址

9 1898 年“美西战争”爆发，1901 年古巴独立，西班牙作为一个曾经的殖民大国失去了最后一块美洲殖民地，帝国的美梦灰飞烟灭。突如其来的战败和耻辱对西班牙震动非常大。这时，西班牙年轻一代的知识分子如梦初醒，他们开始独立思考，寻找未来的道路。这批优秀的知识分子和艺术家被称为“九八一代”。参见林达《西班牙旅行笔记》，第 228 页。

加泰罗尼亚地区的资产阶级大力支持的新艺术运动与多蒙尼克提出的建筑振兴运动其实都是与民族独立的呼声交织在一起的。大约在公元 343 年，巴塞罗那开始独立，后来的加泰罗尼亚地区成为一个自治区，在中世纪时十分辉煌，几乎整个地中海地区都说加泰罗尼亚语，文学与艺术的发展也达到了巅峰。但在卡斯蒂亚王国的统治下，自然留存的古典自治宣告结束，法令禁用加泰罗尼亚语，禁止悬挂加泰罗尼亚古国旗。高迪是加泰罗尼亚本土文化的忠实拥护者，他以讲加泰罗尼亚语为荣，甚至曾拒绝在法庭上用西班牙语回答问题。他还加入过以振兴昔日民族光彩为理想的青年组织，考察加泰罗尼亚灿烂文明的遗迹，但他却没有因为这种强烈的民族感情而从政，因为他认为加泰罗尼亚的民族性在于民间、在于艺术。高迪试图用他的建筑作品发声。他经常去参访留存下来的哥特时期建筑，他的早期作品也出现过许多哥特风格元素；他在建筑中应用加泰罗尼亚传统的结构类型、砖与陶瓷的建造技术；他把各种民族精神的象征符号如加泰罗尼亚旗和象征不屈精神的圣乔治屠龙图案等运用在建筑装饰中；他的大部分经典作品都集中在巴塞罗那城区，小部分在加泰罗尼亚的其他地区，在国外，他只为摩洛哥的丹吉尔和美国的纽约各设计过一栋建筑，但是没有参与建造。他是一个深深植根于本土的建筑师。

新艺术运动时期的巴塞罗那建筑

高迪作品中的宗教元素

在世纪之交，来自地域的、历史的、社会的、经济的及民族的、宗教的影响为高迪作品的出现提供了重要的契机，高迪的建筑作品像镜子一样反映出时代的需求。而他独特的性格和个人的传奇经历又为这些建筑创作增添了与众不同的个性。他的建筑风格是时代洪流和个人思想不断交织的产物。

第二章

高迪的职业生涯：风格的形成

高迪的建筑作品中，有 17 项被西班牙列为国家级文物，7 项被联合国教科文组织列为世界文化遗产，其中成熟期的大部分作品都集中在巴塞罗那。通常我们会对某位大师的某个代表作留下深刻的印象，比如圣家堂几乎成了高迪的标签。着重分析某位建筑师的某一作品，是具体微观的，会有助于我们深入理解一个作品从构思到建成的整个过程和建筑师在某一特定时期解决问题的方法。而对这位大师一生所有的作品进行分类比较，是一种宏观的分析方法，可以使我们更清晰地了解时代发展、地域变化对一位建筑师的影响。通过对高迪作品的分析，我们可以了解到以下几点。第一，高迪作品的一个显著特点便是具有强烈的时代和地域特征，19 世纪末到 20 世纪初的历史转折时期，世界在发生巨大的变革，高迪的作品恰恰反映了这种由折衷主义向新风格的转变。他试图打破传统，但又从未极力维护某种风格。第二，高迪的作品大多数都集中在巴塞罗那，这个城市在地中海地区独特的地理位置和作为加泰罗尼亚首府的政治倾向对城市发展产生了巨大影响，高迪的作品也和巴塞罗那的城市演变紧紧联系在一起。第三，如果对高迪的作品进行功能类型上的划分，我们会发现主要为教堂类和住宅类建筑，这些类型建筑的建造也与当时的社会经济状况和普遍的意识形态有关。对高迪的这些作品进行分类，没有任何一种方式是绝对正确的，但每一种分类方式都有助于我们理解一位建筑师是如何受到历史和社会大环境的影响，创作出不同风格的作品的。

表 2　安东尼·高迪主要作品年表

年份	作品名称	地点
1882 至今	圣家堂（Sagrada Familia）	巴塞罗那（Barcelona）
1883	马塔罗工业合作社车间（Cooperativa La Obrera Mataronense）	马塔罗（Mataró）
1883—1888	文森之家（Casa Vicens）	巴塞罗那（Barcelona）
1883—1885	奇想屋（El Capricho）	科米拉斯（Comillas）
1884—1887	古埃尔庄园（Finca Güell）	巴塞罗那（Barcelona）
1886—1889	古埃尔宫（Palau Güell）	巴塞罗那（Barcelona）
1888—1889	特雷莎学院（Collegi de les Teresianes）	巴塞罗那（Barcelona）
1888—1893	阿斯托尔加主教堂（Palacio Episcopal de Asiorga）	莱昂（León）
1891—1892	博丁内斯之家（La Casa Botines）	莱昂（León）
1895—1901	古埃尔酒窖（Bodegas Güell）	格拉夫（Garraf）
1898—1899	卡尔维特之家（Casa Calvet）	巴塞罗那（Barcelona）
1900—1909	丽景别墅（Torre de Bellesguard）	巴塞罗那（Barcelona）
1900—1914	古埃尔公园（Park Güell）	巴塞罗那（Barcelona）
1902	米拉耶斯之门（Puerta de la Finca Miralles）	巴塞罗那（Barcelona）
1904—1906	巴特罗之家（Casa Batllo）	巴塞罗那（Barcelona）
1905	阿尔迪卡斯花园（Jardins Artigas）	拉波夫拉-德利列特（La Pobla de Lillet）

续表 2

年份	作品名称	地点
1906—1912	米拉之家（Casa Mila）	巴塞罗那（Barcelona）
1908—1917	古埃尔工业园区教堂（Esglesia de la Colonia Güell）	巴塞罗那（Barcelona）
1909—1910	圣家堂临时学校（Escuela Sagrada Familia）	巴塞罗那（Barcelona）

以 1900 年为界，我们大体上可以将高迪的作品分为两个不同的时期。在早期，他倾向于采用穆德哈尔式和哥特式风格的建筑元素，表现出东方主义和中世纪潮流的特征。此时高迪受到当时加泰罗尼亚新艺术运动和民族振兴运动的影响，希望以此复兴昔日的民族精神，但同时他也开始探索一些非传统的风格。后一个时期是高迪的成熟期，他最终在传统风格中创造出了新的艺术和结构形式，并在此过程中逐渐形成了自己的建筑语言和设计方法。

高迪作品中的民族元素

2.1 早期（1878—1900）

1878 年，高迪开始独立完成作品的设计和建造，现在我们依然能看到一些初期作品的实例。在巴塞罗那哥特区的皇家广场上，还保留着高迪在 1878 年受巴塞罗那市政府之托设计的大型路灯。高迪毕业后立即接受了马塔罗工人合作社的委托设计了一个工业区，其中包括住宅、车间等，但只有车间在 1878 年建成。高迪还在这个车间中第一次使用了悬链拱结构。此后不久，高迪就开始为新兴资产阶级服务。他的第一个重要作品是建于 1883—1888 年的文森之家，位于巴塞罗那的格拉西亚区。这个早期作品已经将高迪丰富的想象力与观察力显露无遗，更重要的是，这个作品表现出高迪将西班牙中世纪的建筑式样与阿拉伯穆德哈尔风格[10]混用的倾向。文森之家在结构原理上是哥特式的，同时应用了传统的加泰罗尼亚特色拱顶，但在色彩上采用摩尔式的配色和当时住宅中难得一见的带状砖、釉瓦、装饰铁艺等。醒目的砖和瓷砖的组合、格子百叶窗和楼顶的小塔也表现出穆德哈尔艺术的风格，尤其是吸烟室的拱顶，华丽繁密的植物细节装饰塑造出一种不真实的奇异效果。高迪的另一个作品科米拉斯的奇想屋也表现出类似的特点，而且更加戏剧化。房子前端有座很像伊斯兰教宣礼塔的圆形塔楼，上面镶满了向日葵，向人们展示着不一样的穆德哈尔风格。对古埃尔庄园的修缮工作（1884—1887）与建造文森之家的时间有所重合，所以古埃尔庄园的设计也受到穆德哈尔式建筑的影响，比如建筑外立面上布满了密密麻麻的石膏装饰和繁复的砖饰，给人以强烈的视觉冲击。庄园马厩的内部结构采用了加泰罗尼亚特色的拱顶和带有悬链拱的隔墙，两种结构作为雏形，反复在其后来设计的建筑中出现。由于在古埃尔庄园取得了成功，高迪接下来又为古埃尔设计了他在巴塞罗那老城区的古埃尔宫。古埃尔宫的设计同样将多种风格融合在一起。高迪还创造性地为古埃尔宫设计了一个带穹顶的中庭，被房间围绕着。这种空间形式在罗马式及伊斯兰教的宫殿建筑中也很常见。

---

10 在 711—1492 年，从北非过来的摩尔人曾经占领过西班牙。基督教光复运动后，这些生活在基督教统治下的穆斯林就被称为“穆德哈尔”，而当初摩尔人带来的伊斯兰教建筑形式也因此被保留了下来，并被称为穆德哈尔风格。格拉纳达的阿尔罕布拉宫就是其中的代表。穆德哈风尔格主要以砖为材料，建筑布满繁复的装饰，复杂的几何特征，充满韵律感，在架构造型上又略微融合了罗马式或哥特式的建筑元素，内部则以精致华丽的木制天花板为特色。穆德哈尔风格被广泛认为是西班牙民族风格的代表。

高迪早期设计的路灯，位于巴塞罗那
皇家广场

高迪早期设计的造型喷泉，位于巴塞
罗那城堡公园

高迪早期设计的玻璃橱窗
图片来源：维基百科

高迪早期设计的玻璃橱窗正面视图
图片来源：维基百科

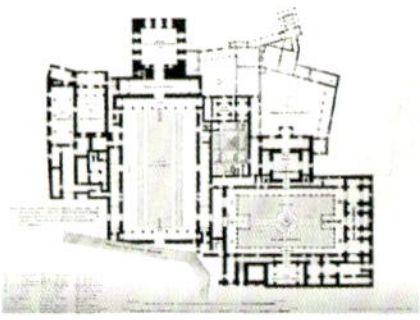

穆德哈尔式风格
左图：阿尔汉布拉宫平面布局，图片来源：http://library.artstor.org
右图：高迪作品古埃尔宫的室内庭院

中世纪风格
左图：哥特复兴式教堂，图片来源：http://artchist.blogspot.com
右图：高迪作品丽景别墅的外部造型

在这一阶段，高迪的作品表现出一种对非古典的、属于民族的建筑精神的探索，他运用的建筑语言是接近于穆德哈尔式的，既带有东方的异国情调，又作为一种融会了阿拉伯和西班牙两种风格的民族文化存在了 700 年之久。但是值得注意的是，尽管在装饰造型中表现出种种东方风格的特点，高迪却并没有完全复制阿拉伯式或者穆德哈尔式的形式。同样，建筑结构虽然还留有中世纪的拱顶特征，但已经开始突破圆拱和尖拱，如在特蕾莎学院的设计中，虽然外部装饰还能看到哥特式的影子，但内部结构已经开始使用抛物线拱顶。类似的作品还有卡尔维特之家、博丁内斯之家、丽景别墅等。

2.2 成熟期（1900—1926）

40 岁以后，高迪开始运用更成熟、更具有个人风格的建筑语言，使其作品进入了下一个阶段，这些作品也为高迪赢得了更多声誉，为人所熟知。进入 20 世纪后，高迪不再从杂乱的历史样式中寻找灵感，而是转向了自然，他以自然为灵感创造出一系列新的造型和结构形式，表现出强烈的原创性。高迪在这一时期的代表作有古埃尔公园、米拉之家、巴特罗之家、古埃尔工业园区教堂、圣家堂等。成熟期的作品展现出高迪的现代意识、自然主义思想和独特的个人风格。

1900 年开始建造的古埃尔公园是高迪的作品中和自然景观联系最密切的一个。这个项目最早的概念源于霍华德的田园城市理想，地点在距离巴塞罗那主城区 4 千米远的丘陵地中。它反映了一种工业革命后城市发展和社会改造的新思潮。高迪为这个中产阶级的居住区规划了 60 块三角地，用蜿蜒的步道和融入地形的柱廊相连形成了一个有层次的交通系统，再加上粗糙的石块与盆栽，项目整体呈现出一种与天然环境相得益彰的有机感。古埃尔公园作为一个居住区项目，由于商业运作模式的失败和战争的影响，只建起了两套住宅和公共核心区。但高迪在当时的建造中就局部采用了钢支架和预制模块等超前的技术和可循环利用的排水系统。在公共核心区部分还能看到古典元素多立克柱阵构成的市场厅，意图彰显一种地中海地区的民主精神。古埃尔公园现已被改建为一座名副其实的市民公园。

1904 年起，高迪开始在巴塞罗那城区为新兴资产阶级建设特别的公寓建筑。首先开始的巴特罗之家是一个公寓改建项目，花费了两年的时间进行建造。完工不久高迪又接受委托在不远处设计米拉之家公寓。巴特罗之家和米拉之家都位于城市扩建新区中重要的街道上，反映了城市生活中新兴资产阶级对住宅理念的新愿景。在外部造型上，两个建筑都运用了蜿蜒怪诞的曲线造型，显得与其周围的环境格格不入。但高迪在这里采用了象征地中海文化的海洋隐喻和加泰罗尼亚的文化符号，迎合了当时富有的工业资本家们所追求的标新立异与民族特色。高迪对这两幢公寓的创新不仅停留在表面上，他还十分重视采光通风效果、楼层布局和阁楼层与屋顶层的空间效果，营造出了更适应现代生活的内部空间。随着米拉之家、巴特罗之家、古埃尔公园等项目的建成，高迪完全确立了自己的风格，大胆地提出了新的结构和空间形式。高迪认为米拉之家是他建造过的最好的房子，用自然灵感和民族的浪漫感性地体现了反传统的精神。

古埃尔工业园区教堂和最负盛名的圣家堂，虽然均是宗教建筑，却采用了感性的试验结构和自然有机的设计理念，体现出高迪对新方法的探索和钻研精神。在古埃尔工业园区教堂地下多边形的祈祷室和门廊中，他使用了双曲抛物面、倾斜的玄武岩柱子、肋骨式弯梁等，圣家堂的内部则运用了抛物线拱、螺旋曲面、锥曲面等源于自然的几何形态。最有创造性的结构形式是高迪的倒置悬链拱模型，起初为设计工业园区教堂的高塔而发明，后来在圣家堂中得以实现。这些理性的几何形式成了高迪为宗教建筑结构创新的关键，

高迪主要作品在巴塞罗那的位置分布图（作者标注）
底图：1929 年巴塞罗那城市地图，图片来源：http://Barcelona.com/blog

文森之家（Casa Vicens）

古埃尔庄园（Finca Güell）

古埃尔宫（Palau Güell）

古埃尔公园（Park Güell）

巴特罗之家（Casa Batllo）

米拉之家（Casa Mila）

古埃尔工业园区教堂（Colonia Güell）

圣家堂（Sagrada Familia）

其中所采用的方法在现代建造史上也是大胆的突破，得以让他塑造出与以往不同的教堂空间。尽管圣家堂的结构是建立在哥特式的建造逻辑基础之上的，高迪却利用新的结构形式创造出一种犹如神秘森林的超大内部空间，不寻常的 18 座塔楼也在城市中象征着那座由自然缔造的蒙赛特拉山。两座教堂都展现出有机的艺术形态。

1883 年到 1926 年，高迪在圣家堂工作了 43 年，由于建造缓慢，圣家堂的创作时期与大多数其他作品平行。从 1914 年高迪搬进圣家堂的工作间开始，他便不再接受其他项目，把最后的职业生涯几乎全部奉献给了圣家堂的设计和建造，直到 1926 年去世。这一作品综合表现了高迪几乎所有的创作理念和最丰富的想象力，所以 1914 年至 1926 年这段时间也在一些著作中被归为高迪的创作晚期。作为成熟期的升华，这一作品又体现出一种超越自然的伟大情怀。在圣家堂脚下还有一座完全由砖拱做成的小学校，立面和屋顶都是符合几何规则的正弦波锥曲面。在这座没有过多装饰、以实用性为主的小建筑中，高迪依然用最少的材料、最具当地特色的砖拱建造表达出一种建构的美。这座小建筑在结构和美学上的重要性并不亚于圣家堂。

思想家、艺术史学家亨利•罗素•希区柯克认为：“高迪的艺术丰富多彩，无法概之以一种简单程式。”[11] 高迪作为一个建筑师被重新重视起来，很多人去研究他的作品。艺术史学家和建筑专家专门对他的建筑作品进行分析，但是所有人都认为无法将高迪锁定在一种特定风格或者派别中，因为高迪受到各种文化的影响，地中海和阿拉伯的、歌特复兴式的、新巴洛克式的、自然主义的、理性主义的，各种词汇综合成了一种新的建筑语言。虽然他作品中的某些元素符合新艺术运动、有机主义、表现主义等，他的观点也具有很强的现代意识，但是高迪的每个作品都不尽相同，很难概括为某种风格。他融会百家，并善于从中创新，形成一种超越时代的艺术审美。基于对他的各种评论，历史上甚至产生过许多特别的文化现象。直到今天，他个性的作品对其后的设计师和艺术家仍影响深远，在全世界有许多追随者，他的传奇故事和非主流的思想也受到广泛关注。这被后人称作高迪主义（Gaudianism）。

11 Hitchcock Henry-Russell. Architecture: Nineteenth and Twentieth Centuries[M]. Baltimore: Penguin Books, 1958.

第三章

高迪代表作品解析

3.1 文森之家

文森之家是高迪第一个重要的建筑作品，为其展现现代思潮拉开了序幕。1883 年，一位名叫马努尔·文森的瓷砖商想要修建一幢度假别墅，场地位于距离巴塞罗那不远的格拉西亚镇（Gracia）。考虑到夏日避暑的需要，这座别墅被规划于场地一角，三面朝着一座大花园，花园内设有一个大型悬链拱式人工瀑布和喷泉，但因为扩建和道路施工，花园被缩减，喷泉和瀑布也消失了。

文森之家最吸引人的是其外立面的装饰，多彩的瓷砖嵌入石墙面，再结合几何图形的运用，不难让人联想到阿拉伯的建筑风格，这也是高迪的灵感来源。建筑立面中，彩色瓷砖以绿白相间的棋盘格和黄色金盏花图案为主，红色的托架贯穿其中，用色大胆，极具视觉冲击力。瓷砖的分布与立面的造型和结构相得益彰，产生一种有秩序的韵律感。此外，建筑立面还综合运用了瓷砖、砖、石、木、铁等多种材料。玻璃门窗外，围以木制的遮阳板，板上带有木格的雕刻。建筑栏杆则采用了铸铁细工，如出入口处的铸铁大门采用了不断重复的椰枣树叶图案，以及其他部分可见的蜘蛛网式的铸铁、龙形的铁雕等。

文森之家的建筑立面用色大胆，综合运用了瓷砖、砖、石、木、铁等多种材料，极具视觉冲击力

相比立面繁复的装饰，文森之家的建筑结构则较为简单。地下层由拱顶砌成，地上层内部空间以坚固的毛石墙面隔开，各层楼板和屋顶再架以木梁。整个建筑共有三层地上部分和一个半地下室，地下室用作酒窖和仓库，一层是大厅、餐厅和厨房，二层用作主人的卧室，三层为阁楼，内部宽敞舒适，具有良好的通风效果。在内部装饰中，东方风格中常见的树叶、花卉等植物图案以及昆虫等动物的图案随处可见。这些图案不全是平面的，高迪应用了多种石膏镶嵌的室内装饰技法，让这些自然元素变得立体起来。最吸引人的是吸烟室的天花板，用纳萨利石膏技术制成的蜂窝状装饰，与阿尔罕布拉宫的穆德哈尔式顶棚造型非常相似。

1925 年，高迪将文森之家的扩建工程推荐给了建筑师马丁内斯，因为他正忙于圣家堂的建设。1969 年，文森之家成为西班牙国家文化遗产；2005 年，它又被列为世界文化遗产。2017 年，这件高迪生平的第一件大作经过整修再次开放参观，部分被改建为博物馆，新建的纯白几何式空间又为这座异域风情的建筑增添了几分现代意味。

文森之家的建筑转角运用了多种处理手法，造型多变。建筑饰面又与造型在比例上相得益彰，整体呈现出富有韵律的变化

项目位置及周边环境
图片来源：谷歌地球

文森之家复原建筑模型，建筑正对的悬链拱结构喷泉现已消失

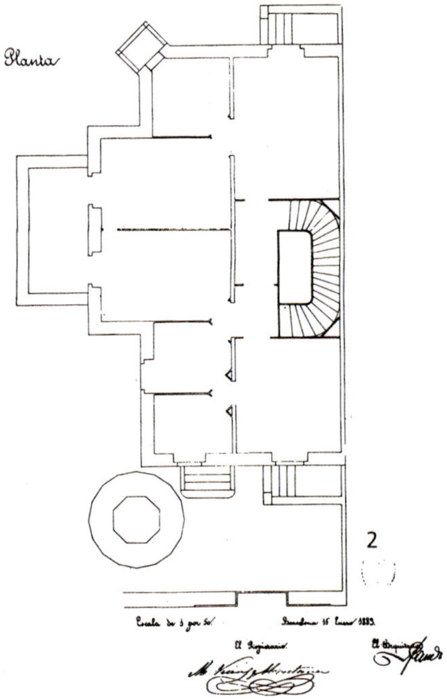

1883 年高迪绘制的文森之家平面图
图片来源：格拉西亚区市政档案

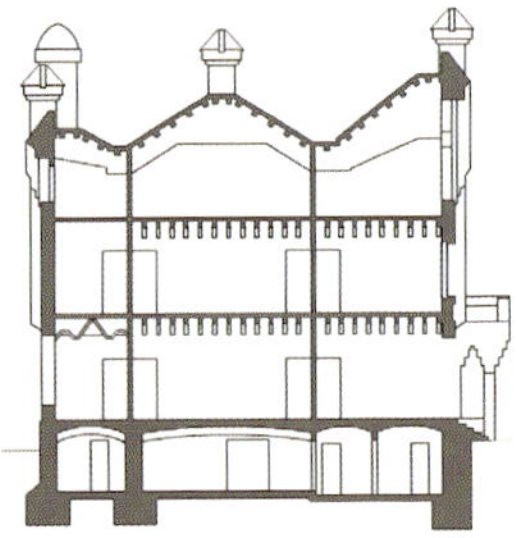

文森之家剖面图
地下层采用砖拱结构，用作酒窖和仓库，地上三层为毛石墙与木梁架结构，用于起居

文森之家建筑入口的造型与装饰。门、窗搭配了东方风格的木格雕刻遮阳板

铸铁大门与瓷砖的图案均取材于场地原有的植物，模块按 1 ：3 的比例排列在一起

文森之家的室内转角空间处理丰富，部分室内家具也由高迪本人设计。
家具、墙面装饰、艺术画作、雕塑等与空间尺度完美相配

室内布满树叶、花卉及动物图案的装饰。高迪运用石膏镶嵌法、焦点透视法等，让这些自然元素变得立体起来

吸烟室天花板的蜂窝状装饰仿照阿尔罕布拉宫的穆德哈尔式造型。灯具、植物装饰的墙壁、木格窗均代表着高迪时代对东方风格的理解

2017 年经过修复的文森之家，局部运用了当代的设计语言，与传统碰撞出新意。图为新建的楼梯空间

3.2 古埃尔庄园

古埃尔庄园位于另外一个当时靠近巴塞罗那的城镇——莱斯克尔斯（Les Corts），是企业家欧塞比·古埃尔在此购地后第一次委托高迪为他设计的作品。两人从此开启了一段长达数十年的合作关系，直到古埃尔去世。这个庄园现存门房、马厩、驯马场和围墙，其他建筑物在转手卖给皇室后于1919年被拆除。这座建筑标志性的部分是一个铸铁的龙形大门，位于门房和马厩之间的围墙上。这条龙极具象征性，也反映了高迪高超的装饰艺术造诣。它象征的是希腊神话中赫斯伯里德斯花园的守卫巨龙，传说中巨龙守卫着一棵金橘树，但一位大力士打败了巨龙，巨龙因此受到惩罚变为天龙座。高迪将巨龙按照天龙座的星象点位铸在了古埃尔庄园的大门上，如今它仍张牙舞爪守卫着庄园。这条巨龙原来是彩色的，有红色的柱子，镶嵌着玻璃的眼睛。大门还配有一个活动装置，开门的时候，巨龙就会动起来，迎接庄园主人古埃尔的到来。大门旁有一个高大的门柱，柱顶由石材和金属的四面浮雕构成，象征着神话里的那颗金橘树。以希腊神话为主题，整个庄园的景观也被赋予了神秘的色彩。在门房和马厩的建筑外部，高迪没有采用古典风格，而是采用了阿拉伯建筑的元素，比如在饰面上结合了穆德哈尔艺术风格中繁密的石膏装饰技术和六角形的砖饰。马厩的空间结构很有特色，在每个马匹单元上方设有一个对应的筒形加泰罗尼亚拱顶，垂直方向再以一排排带有抛物线状洞口的隔板支起。两个结构相交处还有小拱和梯形窗，为内部采光通风之用。驯马场为方形平面附以灯笼式圆顶，分别在两侧开门，一边连接马厩，一边通向花园。在驯马场灯笼式塔顶外层，高迪首次使用了打碎的陶瓷马赛克技术以顺应曲面的造型。建筑所在的区域现在是巴塞罗那大学城的一部分，原来的马厩已经改造为高迪研究中心。

古埃尔庄园
入口立面

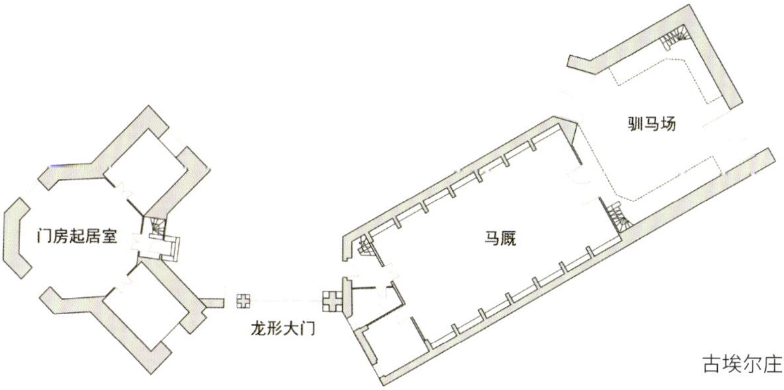

古埃尔庄园平面图

古埃尔庄园龙形铸铁大门

立面六角形砖饰与石膏饰面具有形式上的差异，但因运用了同一比例的重复构件语言，所以并不显得杂乱

立面中砖的两种功能：起装饰作用的砖饰与起结构作用的砖拱

古埃尔庄园马厩内部空间结构

每个马匹单元上方设有一个对应的筒形加泰罗尼亚拱顶，垂直方向与带有抛物线状洞口的隔板相交，相交处的梯形窗为内部采光通风之用

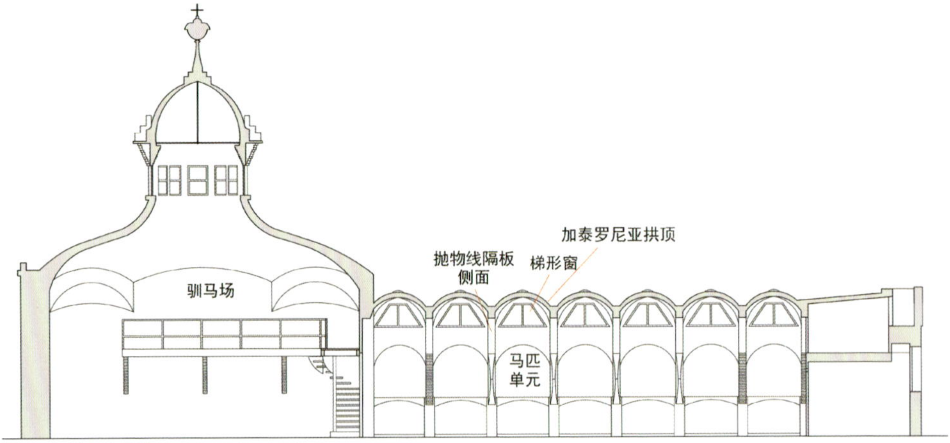

古埃尔庄园剖面图

3.3　古埃尔宫

古埃尔宫位于巴塞罗那老城区，紧邻兰布拉大街，是古埃尔在市中心的一处居所。因为老城区街道狭窄，房屋临街面积不大，高迪接到项目时就尽量将内部空间做得精彩，以符合建造一座城市宫殿的要求。这座建筑不仅是一座炫耀财富的豪宅，同时也有其文化意义。古埃尔希望在此举行音乐会和展览，因为与众不同的艺术品位是贵族阶层在新时代的新要求，而这与高迪的设计特长不谋而合。

为了区别于街道的杂乱，古埃尔宫的沿街立面采用了简朴庄严的石灰石。石灰石产自古埃尔在格拉夫的矿区。据说高迪曾设计了 18 种不同的立面方案，最终古埃尔挑选了较为大胆的一个。这个方案在主入口处设计了两个悬链拱形的大门，大门的铁艺装饰十分精美，两门之间还有一个象征加泰罗尼亚复兴运动的凤凰鸟。其他立面多以直线条为主，底层的阳台为封闭式，以便隔绝街道的噪声。

主入口悬链拱形大门的铁艺装饰十分精美，两门之间还有一个象征加泰罗尼亚复兴运动的雕塑

简朴庄严的石灰石立面空间较为封闭，与丰富精致的内部空间形成对比

古埃尔宫与城市的关系，图中被树木覆盖的街道为老城区的中心步行街：兰布拉大街
底图来源：谷歌地球

古埃尔宫一共有 6 层，首层为接待层，居中设有一部到达主层（房主人的主要活动空间，通常位于二层）的大阶梯。阶梯两侧是通向地下层马厩的出入口，空间规划十分有序。上面几层的内部空间围绕着一个纵向贯穿各层的中央大厅，使得整个建筑的焦点从不太有利的街道转向了内部。17 米高的中央大厅不仅使内部空间显得更加宽敞，还起到了采光的作用。这个大客厅用作社交活动、音乐会和宗教仪式的举办，其穹顶由呈四面抛物线形的拱围成，拱面上布有星星点点的小孔，阳光照射进来如星光灿烂的苍穹，其灵感来自圣索菲亚大教堂的穹顶。办公室和客厅之上是古埃尔家族主人的卧室，较为私密，其中还保留有两件高迪设计的家具。整个建筑中最为特别的空间是地下层和屋顶层。地下层以一个螺旋形坡道进入，另一侧还设有采光天井和更宽敞的斜坡道。在地下空间，粗壮的柱子和承重墙撑起上层所有的重量。或方或圆的柱子由砖砌成，与顶部散开的砖拱浑然一体，如同一个砖砌的古老森林。屋顶平台上有 20 个砖砌成的烟囱，表面用各种不同材料如陶瓷、彩色玻璃、大理石等的马赛克拼贴而成，同远景城市里造型各异的教堂钟塔形成有趣的呼应关系。

↓拱元素在室内空间的多种处理方式

↑夹层空间与扶手结合的座椅

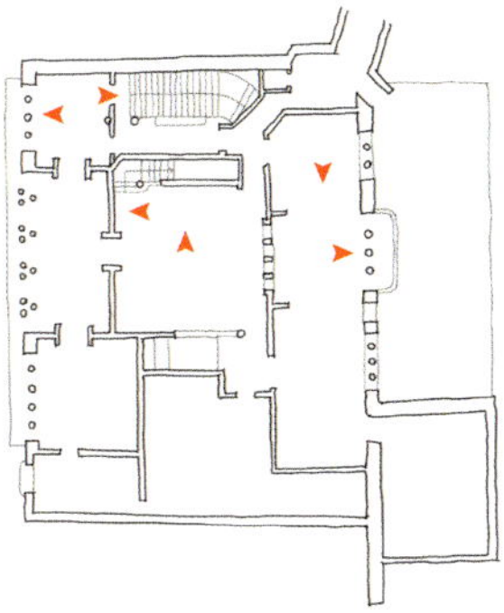

主层平面空间示意图

←↑空间的多种界面围合方式

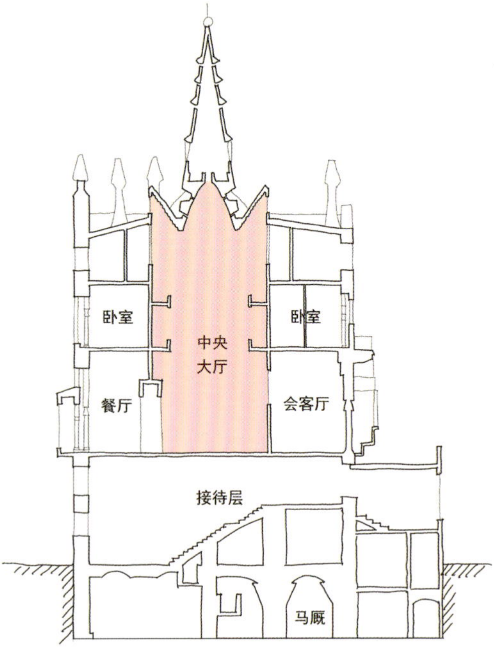

剖面示意图

17 米高的中央大厅是整个建筑的焦点，可用作社交活动、音乐会和宗教仪式的举办。其穹顶由呈四面抛物线形的拱围成，拱面上的小孔采光效果如星光灿烂的苍穹

接待层的中央大楼梯设计突显出居所主人的尊贵身份

地下空间中粗壮的柱子和承重墙撑起所有上层的重量。或方或圆的柱子由砖砌成，与顶部散开的砖拱浑然一体，如同一个砖砌的古老森林

屋顶平台上有 20 个砖砌成的烟囱，表面用各种不同材料如陶瓷、彩色玻璃、大理石等的马赛克拼贴而成，同远景城市里造型各异的教堂钟塔形成有趣的呼应关系

3.4 古埃尔公园

3.4.1 项目背景

1898 年，英国城市学家埃彼尼泽·霍华德（Ebenezer Howard）出版了名为《明日田园城市》的书籍。书中提出的理论认为新的城镇设计应吸收乡村生活与城市生活的优点，使人们在一天的辛苦劳作之后，能在一个绿色的环境中得到彻底的放松。企业家古埃尔因为贸易关系，曾多次到访英国并受到田园城市运动的影响，他决定把这个理念带回巴塞罗那，创建一个远离工业城市的健康住宅区，同时以此区域恢复加泰罗尼亚在快速工业化进程中失去的优良传统和宗教美德。这与高迪的想法不谋而合。1900 年至 1914 年间，高迪在巴塞罗那北部的格拉西亚区建造了这个乌托邦式的住宅区，他本人也买下了其中一套住宅。为了显示项目最初的概念源于英国，古埃尔公园在命名时使用了英文的“park”一词，但项目并不仅仅设计为一个公园，而是一个为资产阶级服务的理想居住区。在可以俯瞰城市的小山林区，高迪规划了 15 万平方米土地，包括 60 块带花园的建筑用地，还有居住配套的公用设施，如广场、街道、市场、景观平台等。但因为项目位置在离城市稍远的山区，所以很难吸引上流阶层，再加上 20 世纪初巴塞罗那的政治环境恶劣——内乱和一战的爆发导致城市经济下滑，项目进程进一步被阻碍，原先规划的 60 套住宅只建成了两套，其中的一套是推广社区的样板房，由高迪的合伙人弗兰西斯科·贝伦格尔于 1903 年至 1904 年间建造。为使父亲在更安逸的环境中养病，高迪在 1906 年买下了这座自然环境中的样板房。父亲去世后，高迪便从此处搬去圣家堂的工作室，专心于教堂的建设。古埃尔离世几年后，政府将这个经营失败的社区收购，并将其改建为了我们今天看到的公园，为巴塞罗那的市民服务。高迪曾经居住的粉色样板房也被改为高迪之家博物馆，展出高迪设计的一些家具和他当时的居住环境。虽然田园城市的理想社区破产了，但高迪源于自然的灵感，对民族主义和宗教价值的隐喻在这里得到了充分的展现。作为一件珍贵的艺术品，古埃尔公园于 1984 年被列为世界文化遗产。

3.4.2 场地规划

古埃尔公园位于距巴塞罗那中心区 4 千米远的佩拉达山上，这里虽然阳光充足但植被稀少，因此又被叫作秃山。古埃尔购买了此处相连的两处庄园，占地面积 15 万平方米。场地崎岖不平，有 60 多米的高差。原有的一座大农庄被改为古埃尔的居所。高迪保留了场地内原有的植物，同时移植了一些新的品种，如棕榈树和紫藤等。对于场地的规划，高迪首先用两米多高的围墙限定了社区的边界，隔离出一片安逸的生活环境，然后再利用原地形的高差，在最低处设置了面向城市的主入口，再依山建造分级的道路。从蜿蜒的小路拾级而上，山的最高点处有一个带有十字架的构筑物，这象征着从世俗走向清净的灵修之路。园区的入口处有两栋如同童话中糖果屋般的建筑，一座是门房，一座是管理中心。梦幻的场景吸引人们走进园区，同时告诉人们即将从现实步入一个绚丽多彩的理想世界。入口处两栋建筑正对着一个宏伟的大阶梯，阶梯尽头的高处是一座以市场为功能的百柱厅，大厅的顶部设计了一个公共活动用的大露台，可以在此眺望城市景色。门房、管理中心、带有停车场的广场、大阶梯、百柱厅和大露台一起构成了这个田园城市的公共核心区。除此之外，高迪还为围绕核心区的 60 个地块规划了一个便利的交通系统，不同等级的道路分别用于马车、汽车和行人。主路罗萨里欧路宽约 10 米，半环绕于大露台的后方，将场地一分为二。中级的蛇形道路宽 5 米，是供大部分居民通行的道路。为了能通过步行更快地到达各处，第三级道路设计成连接各区域的捷径，坡度较陡并设有台阶。在园区完整实用的道路网络设计中，高迪还顺应地形高差，分别在不同的高度设置了几段带檐廊的陆桥，使人们无论在什么样的天气中都能享受室外的环境。

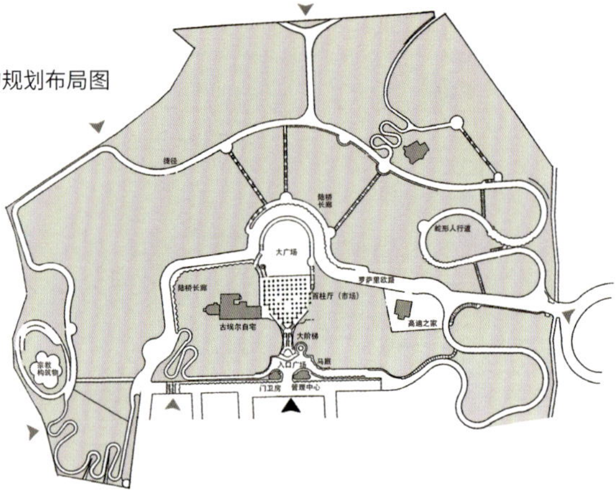

古埃尔公园的规划布局图

古埃尔公园的用地环境与地形
图片来源：谷歌地球

古埃尔公园鸟瞰视角
图片来源：老明信片

古埃尔公园围墙上的英文标名
“Park Güell”

古埃尔公园的门房

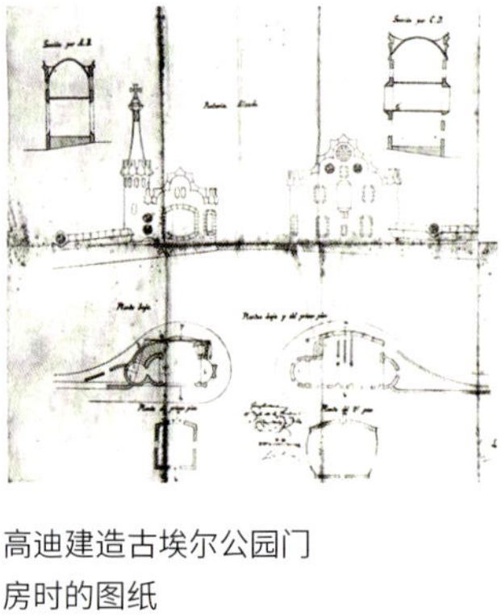

高迪建造古埃尔公园门房时的图纸

图片来源：维基百科

大门处的两栋建筑都有蘑菇状的几何曲面屋顶，造型圆润有机，表面还有碎瓷马赛克的饰面。建筑的灵感来自童话中的糖果屋。虽然裹着缤纷的糖衣，但这些建筑内外都有理性的构造考虑。屋檐、窗口和屋顶安装了多个预制构件，所以建造起来并不复杂。建筑内部采用了传统的加泰罗尼亚砖拱技术，空间符合使用要求。这两栋建筑相似又不尽相同，它们以不同的空间对应不同的功能，一个较大的作为守卫者和其家人的住所，有三层。另一个作为行政管理中心，体量较小，楼高三层，有一个以四壁十字架为顶饰的塔楼和一个小型阳台。

古埃尔公园核心区

入口广场的大阶梯

1906 年举办会议时的入口广场和马厩
图片来源：维基百科

大阶梯被一组雕塑喷泉分为左右对称的两段，从下到上又分为四个梯段。前三段中各设有一座有机形态的喷泉，第四段中阶梯结束的位置变为一个弧形的长椅，可俯视下方各段阶梯。座椅顶部的贝壳形顶盖将坐于其中的居民保护起来，使这里夏日能够遮阴，冬日又有足够的阳光。沿着阶梯拾级而上，一个充满柱子的大厅显得愈加雄伟。这里有 86 根粗壮简洁的多立克式柱（直径 1.2 米），所以得名百柱厅。用灰泥、瓦砾和碎石建造的近 6 米高的柱子形成了一个柱林，为社区市场带来了神庙般的氛围。建造方式也仿照希腊神庙的做法，外层柱子向内倾斜，加强了整体的结构并且使建筑从下面看起来更加高大。柱厅内部的顶板由凹面的预制圆盘构成，后来维修时，人们还惊奇地在广场和座椅的内层发现了金属构件，用于加固平台的边缘。

在阶梯上仰望百柱厅

1906 年，在露台广场举行的民族舞会
图片来源：维基百科

环绕屋顶露台边缘的蛇形座椅

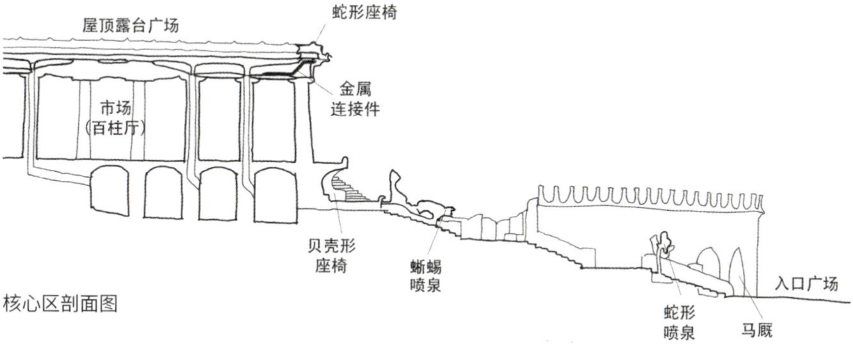

核心区剖面图

市场

蜥蜴喷泉

百柱厅支撑起一个露天舞台般的大广场平台，面积近3000平方米，设计灵感也来自古希腊城邦社会的集会广场。大平台部分嵌于场地中的形态又让人联想到古希腊的下沉剧场，居民可以在这个宽阔的场地中进行社交、举办大型宗教会议或节庆等公共活动，表达地中海的精神和公民意识。围绕屋顶大露台南侧三分之二周长的，是一圈延绵的蛇形座椅，座椅在充当广场边界的同时还具有围护和排水的作用。连续的波浪形座椅整体面向广场的观演活动，还由波动的曲面发展出有趣的空间体验，凹进的内弧座椅空间更具围合感，经常看到情侣或小团体聚集在这里，凸出的外弧座椅空间则更适合独坐。两种形态皆是先由砖块预制而成，再拼接到广场外围的。此外，座椅是以工人为模特做的石膏模版，所以坐上去十分舒适。椅背和椅面都微微倾斜，不仅贴合人体的姿态，还便于雨水流入椅面与椅背之间的排水口，再汇集到下面飞檐上的狮头排水口流出。一系列滴水嘴的位置正与百柱厅的外层柱子相对应。

从平台眺望城市

以波浪形座椅为边界的社区公共空间

蛇形座椅空间产生的多种使用行为

值得称道的一点是，公共中心区还有一个隐藏的排水系统。大广场的铺地由层层不同尺寸的碎石构成，这样在下雨时，雨水就可以不掺泥沙地被过滤到下层系统。百柱厅粗壮的柱子都是中空的，它们之间的一个个半圆形的拱顶，除了结构上的作用，还能将雨水顺着拱面引入柱子内部的排水管中，再汇入地下 1200 立方米的蓄水池中。储存的雨水可用来灌溉或循环利用，比如大阶梯上蜥蜴造型的喷泉吐出的水便来源于此。下暴雨时，这些喷泉还发挥着重要的排水作用。

古埃尔公园核心区排水系统

陆桥上部的人行步道

由市场两侧的石头台阶向上走就来到了大广场，再向上就是布有陆桥的道路，它们以自然的形态完美地融入周边的环境中。陆桥长廊采用高迪常用的悬链拱式结构，有单列柱和双列柱两种形式，柱子常常两两错开。柱芯由碎砖构成，表面覆盖着本地采集的粗糙碎石块，不规则的砌造方式带来一种朴实粗犷的乡野感。柱子顶部设有圆形和半圆形的花盆，内植龙舌兰等地中海植物盆栽。柱子与盆栽构成的行道装饰元素与场地内真实的树木如出一辙。挡土墙一侧围廊的内凹形成了洞穴式的体验感，形态又像卷起的海浪。微倾的柱子支撑起顶部的道路通廊，挡土墙与柱子看似不稳定地倾斜着，但实际上，倾斜的方向和角度自然合理地对应着荷载的方向，这样一来便可以省去扶垛。在功能上，陆桥完美解决了场地的高差问题，下部的柱廊还可以遮阳避雨。同时，陆桥上下还设置了一体化的座椅，可以驻足休息，经常能看到有音乐家在这里表演。低、中、高三段的陆桥在结构形式上相近又展现出不同的风格特点。低段为双排内倾的柱子，到了上面两段变为三排柱子，中排直立，还有模仿钟乳石建造的拱顶装饰、带有椅背的石凳等。陆桥与道路完美衔接在一起，和谐地融入周围的自然景观中。

陆桥下部的柱廊

双廊陆桥下部柱廊

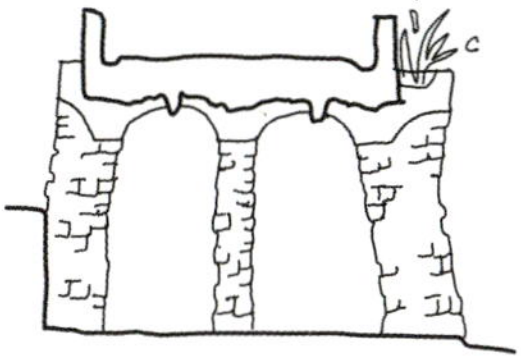

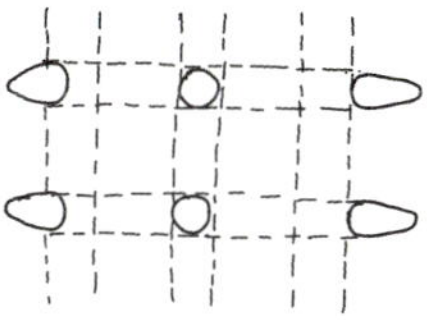

双廊陆桥平面和剖面示意图

人行步道

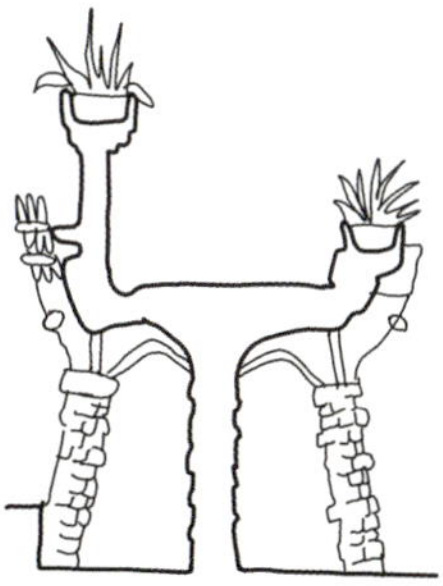

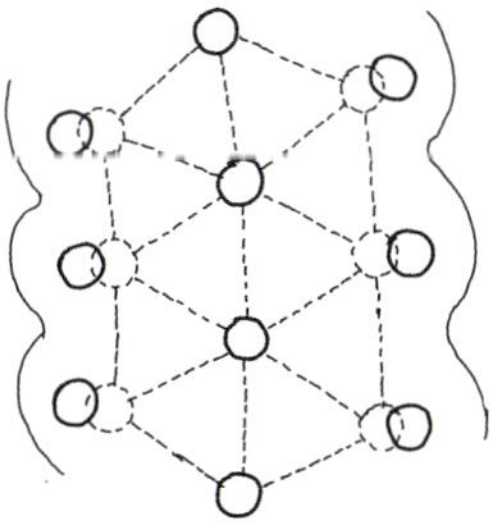

双廊陆桥平面和剖面示意图

从侧面看下部柱廊及上方步道

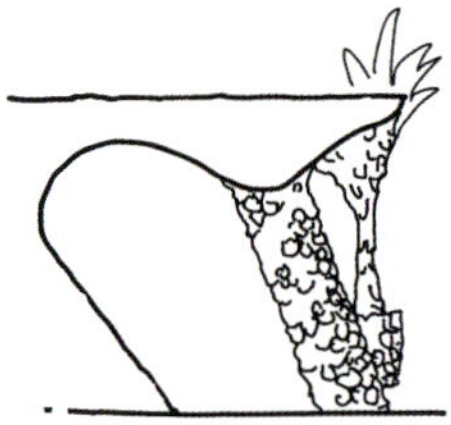

单廊陆桥剖面示意图

隐喻洞穴、海浪的单廊陆桥，其内侧为挡土墙

3.4.3 象征含义

高迪还在古埃尔住区的规划中大量使用了象征元素，以弘扬在快速工业化进程中日渐式微的加泰罗尼亚传统价值和信仰美德。罗马帝国时期的喷泉与古希腊时期的阿波罗神殿成了大阶梯与百柱厅景观的灵感来源，象征着加泰罗尼亚文艺复兴运动（Catalan Renaissance）。高迪的助手，建筑师约瑟夫·玛利亚·久乔尔是一位经常被忽视的艺术家，正是在他的创意辅助下，高迪得以完成古埃尔公园最引人注目的碎瓷马赛克拼贴。110米长的蛇形座椅上，抽象的缤纷图案由回收的陶器、瓶子等的碎片拼成，有黄道十二宫的符号、星辰、代表圣母的玫瑰，也有棕榈树枝、卷起的海草、鱼类等自然的图案。这件抽象的拼贴艺术品被认为是立体主义和超现实艺术的先驱。百柱厅顶部的拱顶中有4个直径3米的大型陶瓷马赛克圆盘，同样由久乔尔负责设计。圆盘上面有四季太阳的图案，用十二角星构成，中心的铁环用以悬挂吊灯。围绕着4个大圆盘，还有14个直径1米的小圆盘，用螺旋形的马赛克拼贴，代表月亮。百柱厅里本来规划了90根立柱，

4 个五彩缤纷的圆盘就位于缺席的 4 根柱顶。春、夏、秋、冬的太阳与月亮象征着四个循环往复的季节。宏观地看，整个公园如同一座大假山，虽然石头的用法和建构都不相同，但在空间中由下至上的游观体验、从可以将身体带入的洞穴到蜿蜒的廊道、与自然融为一体的人工景观，都与中国式的园林有着异曲同工之妙。

象征加泰罗尼亚民族传统的喷泉雕塑

不同季节的太阳图案马赛克圆盘装饰

3.5 巴特罗之家

3.5.1 项目背景

巴特罗之家位于巴塞罗那扩展区（Eixample）中轴线上的格拉西亚大道（Passeigde Gracia）上。1859 年，工程师伊尔德丰斯•塞尔达规划了扩展区以解决工业化引起的城市发展问题。一系列棋盘格状的街区连接起了巴塞罗那主城区和周边小镇之间的真空区域。20 世纪初，这里成为上流社会那些富有的企业家所钟爱的区域，他们利用这个新区的潜力投资房产，也用标新立异的豪宅来展现自己的财富与权力，尤其是在位于中心的格拉西亚大道。富商巴特罗收购了格拉西亚大道西部一栋 1877 年建造的大楼，于 1904 年聘请当时 52 岁，正值事业巅峰期的建筑师高迪来主持设计。巴特罗原本是想将现有的大楼推倒，重建一座新的公寓，但高迪用自己的方案说服了他：保留原有的建筑，把精力集中在改造上。高迪重建了建筑的外墙立面和天井，还为现存的结构增加了一个楼层，构建了阁楼，并将主层设计为巴特罗一家的居住层。两年后，巴特罗之家完成，并以它另类的沿街立面获得了巴塞罗那市政厅颁发的“年度最佳建筑奖”。当城市的新兴资产阶级从小镇搬到了扩建新区，他们追求的不仅是新环境、新功能，还要通过建筑展现本阶级独特的新品位。与巴特罗之家相邻的两栋建筑都由当时加泰罗尼亚新艺术运动的代表建筑师所设计，而且出现在巴特罗之家之前，它们都试图用新颖的造型跳出历史风格。巴特罗之家与由普意居设计的阿玛特耶之家、多蒙尼克设计的狮子桑树之家一起被当时的市民称为“不和谐街区”。其实这正迎合了当时新兴资产阶级的需求，因为他们并不看好塞尔达方案中体现出的“平等无差别”理念，可以说，是时代造就了巴特罗之家。

1903 年，高迪绘制的巴特罗之家改建草图
图片来源：高迪论坛档案馆

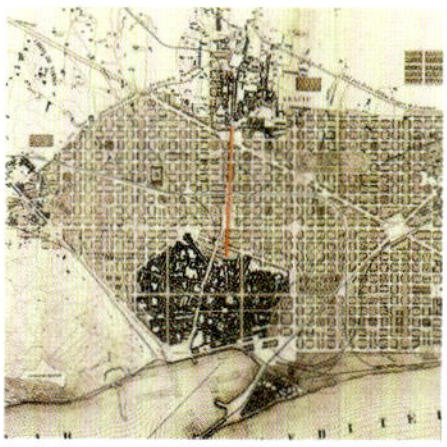

1859 年，塞尔达规划方案中的格拉西亚大道
图片来源：巴塞罗那历史博物馆

1877 年的格拉西亚大道与改建前的巴特罗之家
图片来源：https://www.casabatllo.es

巴特罗之家现状照片

1906 年，建设中的巴特罗之家
图片来源：维基百科

巴特罗之家在街区中的位置
图片来源：谷歌地球

3.5.2 改造设计

高迪和久乔尔用柔和的线条、仿生的造型、对比的材质将建筑原有的临街立面彻底改造，创造出一幅充满象征意义的抽象作品，使其在格拉西亚大街上脱颖而出。建筑立面由三段不同的层次组成：低段由曲面的石材包裹，露出椭圆形的窗口，犹如张开的大嘴，中部被骨头状的小柱支起，所以当时的巴塞罗那市民戏称它为“骨头屋”“哈欠之家”，这些骨头柱其实代替了原有的承重墙，起到了结构上的作用，所以主层的客厅可以开大面积的窗；中段的表面由 330 个大大小小的圆形陶盘和碎玻璃片拼接而成，在阳光照射下反射出耀眼的光泽，色彩时刻变换，如同地中海中弥漫的彩色泡沫，住户阳台上的栏杆由铸铁支撑，并涂上了象牙色，有人觉得它们像面具，也有人联想到骷髅；高段的屋顶呈波浪形，像一条匍匐的巨龙，屋脊便是龙脊，精工雕琢、色彩变幻的龙鳞瓦片铺满了屋顶。龙在高迪的建筑中多次出现，象征着圣乔治屠龙的故事。屋顶上竖起的四臂十字架塔隐喻着征服巨龙的宗教和民族精神。鱼骨般的柱造型、面具似的阳台扶手、屋顶高起的龙脊、陶瓦覆盖的龙身彻底改变了公寓的立面形象。虽然立面的三个层次混用了石材、金属、玻璃、陶瓷、铸铁等多种材料，质感不同、尺度不一、色彩繁多，但整体却呈现出一种韵律和谐的美感，曲面的造型与比例也恰到好处。其实龙形的屋顶也并不像看起来那样随意，曲线的起伏既考虑了与相邻两栋建筑的轮廓和谐一致，又和内部阁楼的抛物形结构相符。

巴特罗之家最具智慧的改造是建筑的照明和通风系统。天井中扩大的采光口可以使光线透过透明的玻璃顶棚直接照射到底层。天井墙上的瓷砖基于采光原理配置了不同深度的蓝色：越往下可达的光线越弱，所以瓷砖的颜色越浅，以便反射更多的光线。就连窗户的大小也和进光量相对应，从上往下逐渐加大，这样做也增加了整体的透视感。天井内的窗户除了采光玻璃的部分，还带有木制的通风口，可以使内部房间有更好的通风效果。天井内楼梯间的透明玻璃隔断也设计成了不寻常的波纹状，为天井的观感增加了一个海水般的滤镜。经过高迪的改造，这个普通的天井既完善了居住的通风采光需求，又像一个有着渐变蓝色和水波光感的海底世界。

高段立面铺满彩色瓦片的龙形屋脊，屋顶上竖起四臂十字架塔用来隐喻圣乔治屠龙故事中征服巨龙的民族精神

巴特罗之家立面造型

中段立面上由圆形陶盘和碎玻璃片拼接而成的反光表面和让人联想到面具、骷髅的阳台栏杆

低段立面上的骨头柱起到了结构上的作用，支起张开大嘴的“哈欠窗”，使主层客厅可以获得充足采光

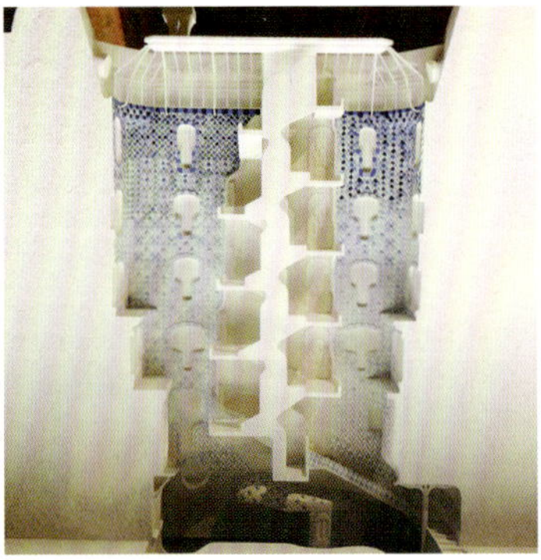

巴特罗之家天井采光效果

天井表面的瓷砖基于采光原理配置了不同深度的蓝色，窗户的大小也和进光量相对应，从上往下逐渐加大

楼梯间的波纹状玻璃隔断，如同海水滤镜

天井内带有木制通风口的窗户

除了采光井的设计，高迪也把这套回归自然的理念运用到了主层的室内设计中。巴特罗家族居住的主层在临街面为一个有阳台的大客厅，另一侧三分之一的面积被一个庭院占据，卧室也布置在相对安静的这一侧。从底层沿着龙脊骨般盘旋向上的专用楼梯上行便到达了主层的前厅，这里还有围绕着内院的一系列服务用房，墙面、楼梯和转角均以圆角过渡。从前厅进入客厅，可以惊奇地看到四面墙壁流转着前行，并向上汇聚，直到在天花板中央形成一个漩涡，而漩涡的中心是一盏灯。客厅这一动感的造型隐喻着大海和自然的力量。临街阳台装饰着大面积的可开启落地窗，庭院一侧也是，并配有细铁网的栏杆，以获得更多的午后阳光。分隔室内空间的门窗由橡木制成。大门同墙壁一样都有着圆润的曲线，亮子部分采用了暖色系的彩色玻璃，形状各异，变化多端。室内的橡木家具、黄铜门把手等也由高迪亲自主持设计，看起来都十分柔软，找不到一处直线条。高迪以黏土为模具，贴合工人的身体曲线或者手握的造型，塑造出这些物件，所以它们用起来非常舒适。

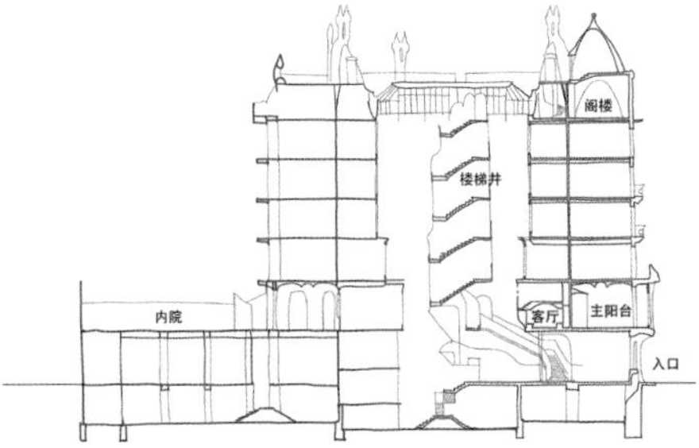

巴特罗之家剖面示意图

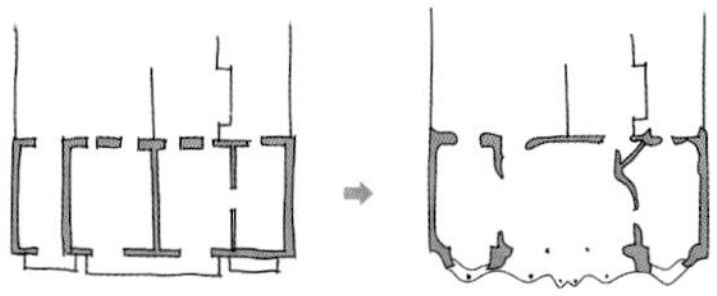
巴特罗之家主厅改造图

与绮丽的居住室不同，阁楼的空间更加简洁，墙面刷成了纯白色，没有任何装饰，诚实地展现了悬链拱形结构。这里主要用作洗衣、晒衣及仓库等功能。以砖为材料，两层平行相继的悬链拱如同肋骨，架起中间凸起的龙形屋顶，每列拱的下部由梁拉起。这种结构的好处是自重更轻，更独立地支撑起屋面，并创造出连续的空间。两座出屋面的楼梯把我们带到巴特罗之家的屋顶平台。屋顶上竖起的 4 座烟囱和通风口都有雕塑般的造型，表面也用五彩缤纷的碎瓷片和玻璃片加以装饰，在阳光下闪闪发光。久乔尔也在这些屋顶造型和装饰中起到了至关重要的作用。

巴特罗之家客厅顶棚

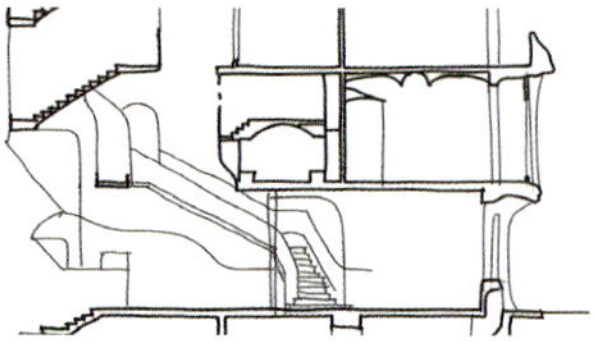

巴特罗之家的入口和主层空间

巴特罗之家阳台

巴特罗之家龙脊骨楼梯

巴特罗之家的屋顶出口

巴特罗之家的屋顶出口，龙脊造型内部为第二层拱架

巴特罗之家阁楼的拱架

3.6 米拉之家

3.6.1 项目背景

1906 年开始为米拉家族所建造的公寓，是高迪最后一个受私人委托建造的民用建筑，与巴特罗之家同样位于塞尔达规划的扩建区，位于一个街角。佩雷·米拉是巴塞罗那显赫一时的富豪，他的妻子罗塞尔·塞格蒙曾是一位年轻的寡妇，她的第一任丈夫曾在美洲致富，留给了她大笔遗产，因此 1905 年再婚时，米拉夫妇决定用这笔充足的经费投资房产。他们购买了格拉西亚大道上一块有潜力的位于交叉口的空地，与巴特罗一样，米拉夫妇渴望建造一座属于自己的住宅楼，以彰显家族的社会地位。高迪此时正在主持不远处巴特罗之家的重修工程，声望颇高，于是米拉聘请了高迪来设计这栋住宅。这座六层楼高的大型住宅在建成后同样标新立异，并迅速受到巴塞罗那媒体的关注。当时的社会舆论认为，这件作品是大胆疯狂的，并且难以理解，报纸杂志还用漫画、笑话的形式把它比作未来飞行船的停泊处、老鼠洞、地震后的大楼等。公寓落成之后还因立面抽象的岩石形象，获得了一个别名“la Pedrera”，就是加泰罗尼亚语中“采石场”的意思。当时大部分巴塞罗那市民并不能理解高迪的作品和其反映出的创新精神，就连委托人米拉也在修建过程中与高迪就美学问题争论不休。高迪本想在屋顶上安装一个大

1910—1912 年报刊中米拉之家的漫画
图片来源：https://www.lapedrera.com

米拉之家与城市的关系
图片来源：谷歌地球

型圣母雕像，但因为 1909 年的反教会运动，许多宗教设施被毁，米拉谨慎地放弃了雕像的想法。再加上城市高度限制，高迪的部分想法没有完全实现，但他还是在 1912 年完成了米拉之家大部分的建设。1984 年，米拉之家被联合国教科文组织宣布为世界文化遗产。1986 年，它被加泰罗尼亚银行收购，阁楼被改为了高迪作品的展览空间。

米拉之家街角立面

铸铁阳台栏杆

铸铁大门

3.6.2 结构和空间

米拉之家的整个建筑从里到外都是由曲面构成的，因为高迪认为“直线属于人类，曲线属于上帝”。建筑立面呈海浪般的波形，让厚重的石材也表现出活力的律动，在地中海的阳光照射下产生丰富的光影变化。看似承重的石墙其实只是独立的石灰岩板，通过金属构件与内部的梁柱结构相邻。打破统一石材效果的是由深色锻铁构成的阳台栏杆，但同样自由的曲线形态和整体造型十分和谐。久乔尔和高迪再次强强联手，在铸造铁艺上发挥出无穷的想象力。同样是铸造的铁门，上面有蛛网般大大小小的不规则圆洞，位于高处的洞大些，以获得更多采光，而出于安全性考虑，低处的洞隙则小些。这些波浪形立面上的窗檐、门框、阳台上的铸铁栏杆、蜿蜒屋顶上的烟囱都具有表现主义和有机主义的抽象特征。

高迪的设计又是基于理性的，他采用了许多几何原理的处理手法，并对传统结构体系做出了革新。高迪突破了当时流行的承重墙结构，用石柱和金属架的房梁做框架，填充以实心砖块做墙体，所有的重量都由石柱来承受，释放了立面。这样一来，便可以开大面积的窗以利于通风和采光，住宅的内部也可以根据需要改扩空间而不必影响整体的结构。高迪甚至还预言说：“如果将米这座建筑变成一个大宾馆，我也丝毫不会感到吃惊，因为改变里面的布局是轻而易举的事情。”虽然使用的材料还不算成熟，但这一自由立面和自由平面理念的提出比现代主义建筑大师柯布西耶早了好几年。

米拉之家的内部结构剖切模型

米拉之家用地面积 1835 平方米，俯视可以看到内部有两个大面积的采光庭院，一个呈圆形，90 平方米，另一个更大的呈椭圆形，有 150 平方米，两个庭院分别对应着不同分区。除了进入主层的楼梯以外，其他通行设施都被移出庭院，这比巴特罗之家的天井更先进了一步。为了充分利用仅有的阳光，内庭院的墙上开了近 200 扇窗，而且越接近底层的窗口越大，建筑内部的每一户都能享受来自街道和中庭的双面采光。两个内庭各有一个开向街道的前厅、电梯和直达主层的专用楼梯。内墙面七宗罪的故事和花卉图案的装饰壁画由久乔尔协助高迪完成。高迪还在地下层独创了一个呈伞状辐射的铁框架以支撑圆形庭院，这样地下空间就可以用作车库，这是当时城市中较早兴建的地下车库。

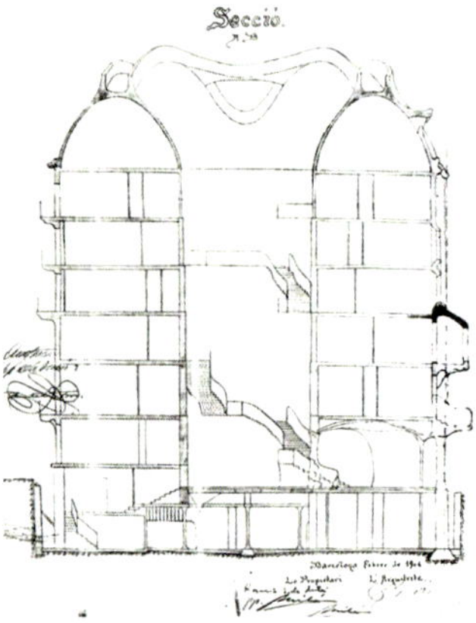

1906 年的米拉之家剖面图手稿
图片来源：维基百科

内庭院的地下结构

内庭院空间

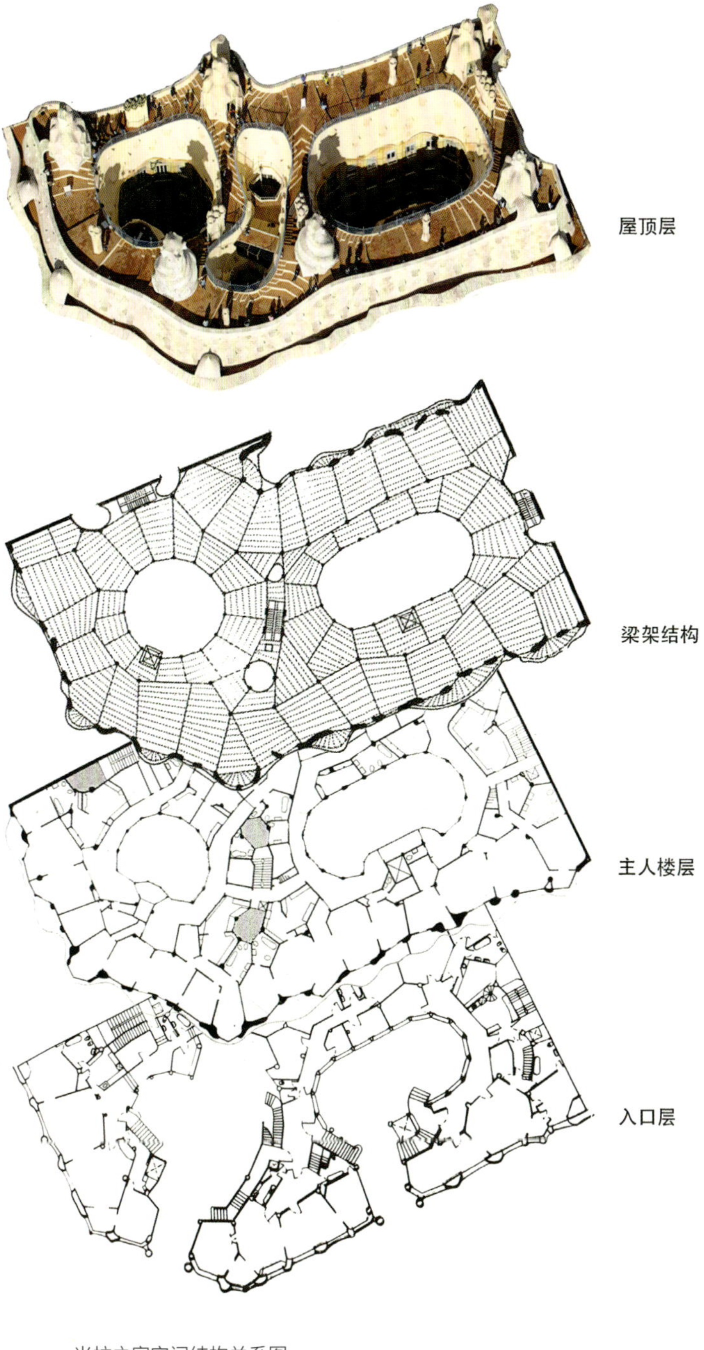

米拉之家空间结构关系图

米拉之家主要由半地下层、底层、5 个居住层、阁楼和屋顶组成。半地下层用作商铺，底层为办公室，米拉夫妇私人的居所总面积为 1323 平方米，占据了整个主层，其他 4 个楼层作出租用，每层有 3~4 户，每户面积为 300~500 平方米。米拉之家内部如同一个不断变化的有机体，框架搭好后，便可以按不同功能自由布置，并可按需变换隔墙。同巴特罗之家一样，阁楼层用来洗衣和晒衣。为了得到连续的空间，高迪在这里同样采用了悬链拱结构，由于规模更大，连续的骨架结构更加明显。阁楼层 290 个由隔墙砖砌成的拱架，高度不一地环绕撑起表面起伏的屋顶造型。屋面上设置了两排共 80 个窗户，除了起到采光通风的作用，还可以防寒隔热，为整栋建筑调节温度。

就像高迪幽默的说法：“住宅楼应该有双重屋顶，这跟大人物既戴帽子又打伞是一个道理。”他的住宅屋顶同样兼具了美观与实用的功能。随着下方阁楼层起伏的高差变化，屋顶成了一个充满想象力的、独一无二的梦幻空间。本来不起眼的通风塔、烟囱和楼梯口都被高迪改造成造型奇特的雕塑，每一座拟人的造型都是有含义的，有些看上去像是外星人或者国王的侍卫，它们象征着神话或图腾里的人物。与古埃尔宫的屋顶烟囱不同，这里的雕塑没有绚丽的色彩，多数贴有白色大理石或瓷片，只有一个覆盖着绿色的酒瓶玻璃碎片。在很少考虑上人屋顶设计的年代，高迪的考量已经具体到了每个成熟的细节，使本来耸立着通风设备的屋顶平台，超越实用的功能价值，变成了公寓中最有趣的空间。

虽然主层的家具并没有全部完成，但高迪还是留下了精致的木制房门、窗户和家具，带动态浮雕的灰泥天花板，与手形贴合的门把手和扶手，蜂窝状的窥视孔。高迪还在米拉之家中使用了为巴特罗之家设计的六角形液压地砖，上面有海洋的图案，这些地砖后来作为样板，被铺设在格拉西亚大道的人行道上。

米拉之家阁楼层拱架

米拉之家屋顶内部结构

米拉之家屋顶的出入口和通风口

3.7 古埃尔工业园区教堂

1890年，古埃尔在距离巴塞罗那不远的市郊圣科罗马兴建了一个纺织厂，之后又在此规划了一个示范型的工业园区，由高迪的合作者弗朗西斯·贝伦盖特设计完成。弗朗西斯·贝伦盖特建造了用于工作、居住和进行各类文化活动的工人住宅、学校、教师住宅、合作社、教堂等建筑，但由于小教堂的面积不够举办活动，古埃尔又于1898年委托高迪在此重新建设一座教堂，这就是现在的古埃尔工业园区教堂。在动工前，高迪花了十几年来进行思考和试验，因为他设想了一个大胆的、具有突破性的结构。1914年，古埃尔病重，其后代又对这个项目缺乏兴趣，所以高迪不得不终止了这个未完成杰作的建设，最终他只完成了教堂的地下室和一个大门的建设。尽管如此，它

古埃尔工业园居住区的建筑

仍是高迪最有原创性和最经典的建筑作品之一，最负盛名的“悬链拱模型”试验就始于这座教堂的建造。虽然当时未能在项目中实际建造起悬链拱式的高塔，但这种基于经验的模型试验法后来被运用在了圣家堂的结构造型中。可以说，古埃尔工业园区的教堂是圣家堂结构和造型的起点。

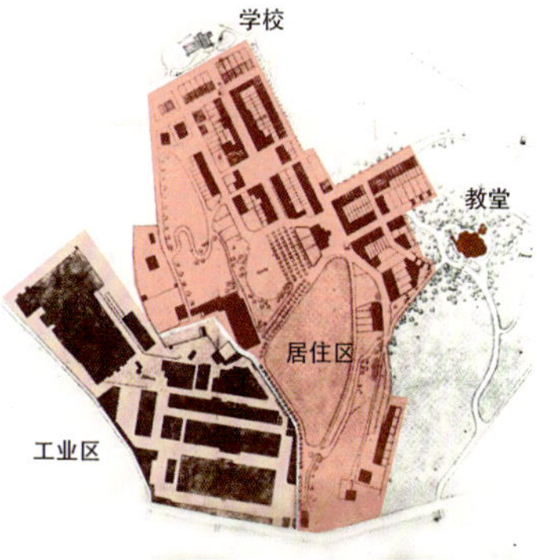

古埃尔工业园区规划图及教堂位置

教堂周边的自然环境

古埃尔工业园区教堂最初是为工业园的工人们举行宗教活动而设计的，它位于一座可以俯瞰整个纺织村的小山丘上。整个建筑用粗糙的石材与周围的景观有机地融合在一起。高迪还曾为了保留基地上的松树而改变过某些结构的位置，因为他认为建造一个建筑需要几年，而长成一棵大树却需要几百年的时间。

已建成的教堂门廊和地面现状

高迪的手稿中未建成的钟塔

教堂的门廊由一组倾斜的花岗岩柱子和砖肋支起。拱顶采用了双曲面结构，以三角形砖砌成。门廊与教堂连接处的门楣上具有宗教象征意义的碎瓷马赛克装饰，同样的装饰也出现在了窗框上。22 个窗户为不规则的水滴形状，带有如眼皮般的窗楣，为精美的彩色玻璃窗防护风雨。祈祷室建筑外墙以折线方式砌筑，略微倾斜。外立面中的晶体碎石装饰材料来自工厂冶炼炉里的碎渣，窗户上的铸铁栅栏则来自织布机上的废针。附近工厂的废弃材料在教堂中变废为宝，这种基于环保理念的艺术处理手法也值得当今的工业改造设计借鉴。

教堂门廊和祈祷室入口

用纺织工厂回收的废针、废渣等材料创作的建筑装饰

门廊结构：双曲面拱顶、砖肋和倾斜的柱子

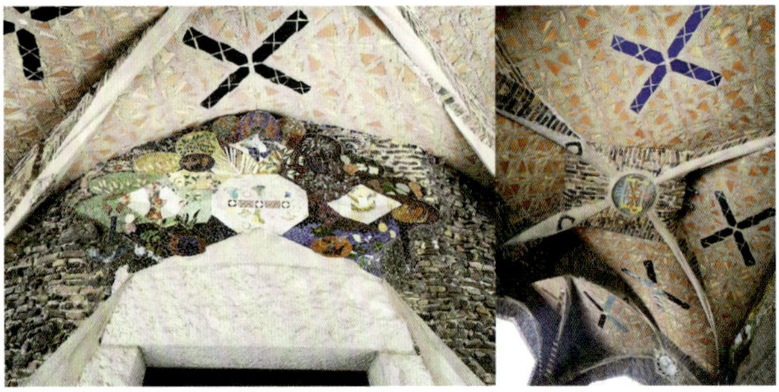

门楣和拱顶的陶瓷装饰

双曲面拱顶的三角砖

教堂的大殿呈多边形，原计划通过门廊旁的大型露天阶梯与上下楼层连接。高迪在停工前只完成了地下祈祷室的建设，上部高起的塔楼结构都没有建起，只留下了一个作为入口的门廊，但现有的祈祷室已经表现出十分新颖的结构和空间设想。围绕祭坛的玄武岩柱子按受力情况自然倾斜。四个玄武岩柱和一系列排成半圆形的砖砌柱支撑起教堂中央的大型拱顶，柱子和拱顶由砖砌的肋骨式弯梁相连接。这种结构方式使教堂拥有较完整的内部空间，可以从多个角落看到祭坛。

祈祷室的内部结构

祈祷室的主祭坛

形态自由的柱子和砖肋

可开启的彩色玻璃窗

教堂内部利用场地的自然高差分为三个层次的空间，除了带有祭坛主厅的底层，还有安排了唱诗席位的中层和用于私密宗教活动的高层。室内的长座椅也由高迪设计，以木材和铸铁为主要材料。彩色的玻璃窗呈现出花朵的造型，但当窗户通过铁链开启时又像张开翅膀的蝴蝶。教堂的装饰中出现了大量宗教象征符号，如金鱼、希腊字母、十字架等。高迪的助手久乔尔负责中央祭坛的设计。古埃尔工业园区教堂停工后，高迪就全身心地投入到了圣家堂的建造中，他为小教堂钟塔独创的悬链拱模型法也被应用到圣家堂的钟塔结构中。

高迪设计的长座椅和久乔尔设计的祭坛

墙面、天花板和柱子的关系

3.8 圣家堂

3.8.1 项目背景

圣家堂的全名为圣家族教堂（Sagrada Familia），是由一位虔诚的巴塞罗那书商带领众多信徒在社会上发起捐资活动所筹建的。然而设计圣家堂的第一位建筑师并不是高迪，而是他曾经的老师弗朗西斯科•德•比利亚尔。比利亚尔于 1882 年就确定了圣家堂的基本平面布局，并开展了地下祈祷室的建设，所以圣家堂的最初风格是新哥特式的。然而建设开始一年后，比利亚尔因为工程预算和选材的问题与筹建委员会产生了多次意见分歧，这导致他最终辞去了项目的主管工作。于是年仅 31 岁的高迪就获得了这个难得的机会，继续负责圣家堂的建设，从此这个项目便陪伴着高迪，直到他生命的最后一刻。圣家堂的建设几乎贯穿了高迪整个建筑生涯，所以汇集了他各个时期的风格。高迪保留了比利亚尔所设计的哥特式平面，但是他利用技术上的革新提出了更加大胆的设计方案。

像众多欧洲的宗教建筑一样，圣家堂的建设经历了风风雨雨，在高迪有生之年仅完成了大概不到四分之一，包括诞生立面和一座钟塔。由于建设经费来源不稳定主要依靠信徒的捐赠，再加上社会和政治动荡，所以圣家堂建造缓慢。但高迪尽力将他的结构设想和建筑方案以草图和模型的方式表现了出来。基于他为后人留下的设计方案，一代代建筑师得以继续圣家堂的建造。从 1926 年高迪去世到 1936 年西班牙内战爆发前，按照高迪生前的方案，项目一直有条不紊地继续进行着。但战乱和火灾造成了停工，也让高迪大量的图纸和模型遭到损坏。直到 1975 年，西班牙统治者弗朗哥去世，项目才得以加快进程。随着时代的发展，数字化建造和 3D 打印等技术也被运用于教堂的建造中。预计 2026 年，当圣家堂最高的塔楼建成时，总高度将达到 172.5 米，约为现在的两倍高。高迪的结构方案即使以今天的技术来看，也是一项相当有难度的工程。创新的结构与象征性的装饰紧密结合在一起，高迪的想象力在他的时代无疑是超前的。

3.8.2 建筑与环境的关系

1881 年，由于募集的资金不足，圣家堂只能放弃最初选址的市中心而选在更远的扩建区。当年的城市扩建区并不似如今这般繁华，圣家堂所在的地块人烟稀少，街道都未做铺装，主要居住者为工人阶级，还养着牲畜。这样的环境再加上少得可怜的捐助，导致圣家堂曾被称作“贫者的教堂”。

高迪接手圣家堂的建造时，后殿的地下部分已经开始施工并达到了齐肩的高度，高迪便在原有的平面方案上继续工作，没有做太多的改变，只改变了祈祷室的高度以获得更多的自然光。幸运的是，在 1894 年突然有一位匿名的信徒捐赠了一大笔资金支持圣家堂的建设，于是高迪完成了地下室的建造并精心设计了宗教仪式用的家具、礼器等。有了充足的资金，再加上完成了米拉之家、巴特罗之家等项目赢得了一定的声誉，高迪开始更大胆地修改圣家堂原先的设计。他首先在有限的基地中扩大了教堂的规模。从中世纪开始，典型的教堂或修道院规划中都会将回廊围合成一个庭院，布置在教堂一侧。但圣家堂的用地只占用了巴塞罗那扩建区的一个街区，基地面积十分有限。为了充分利用空间，高迪创新性地将回廊环绕了整个教堂一圈，将庭院布置在了教堂的周围。这样一来，不仅为教堂增加了一个隔绝街道噪声的屏障，而且回廊内部的空间还可用于宗教仪式。

高迪还考虑了教堂与城市总体规划的关系。他计划将原有方案中 85 米高的方塔改为圆塔，高度增加到 172.5 米，中央最高处象征耶稣本人。塔的数量也增加到 18 个，代表着耶稣及他的 12 个信徒、4 个传教士和圣母玛利亚。主塔完工后，圣家堂将成为全世界最高的教堂。在垂直方向上，圣家堂的轮廓为这个城市勾画出优美的天际线，作为城市地标极大地支撑了巴塞罗那的城市文脉。然而高迪的设计中却规定：圣家堂绝对不能超越巴塞罗那最高的山峰——180 米高的蒙特惠奇山，因为这座山在高迪眼中是城市的地标，也是造物主的神圣杰作。

圣家堂与扩建区的关系
图片来源：谷歌地球

鸟瞰视角的圣家堂和蒙特惠奇山

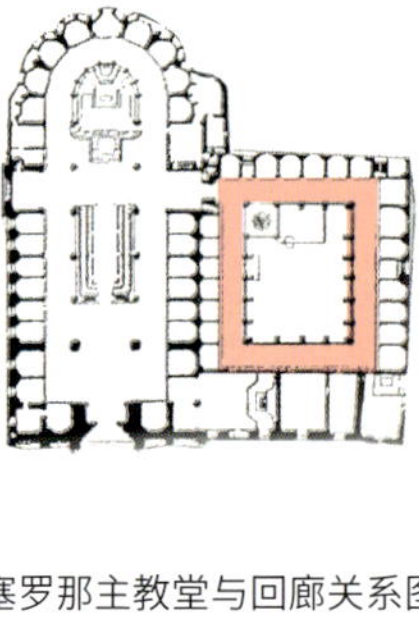

巴塞罗那主教堂与回廊关系图

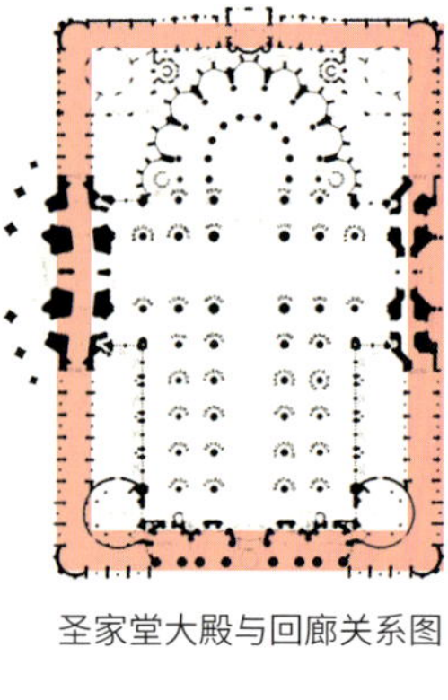

圣家堂大殿与回廊关系图

高迪为教堂圣殿设计了三个宏伟的立面，象征着耶稣一生的三个阶段：诞生、受难与复活。每个立面上都设有大门，主入口设置在代表耶稣复活升天的荣耀立面上，至今还在建造中。为了突出教堂在城市中的标志性地位，高迪建议在教堂四周保留相应的空地，形成星状的四个广场，以便从各个方向而来的人都能从良好的视角看到圣家堂，又可以尽量减少占用城市用地。如果恢复高迪最初的星形广场设想，尖锐的角状平面与直冲尖塔的轮廓将与现存的平均规矩的方格网状城市肌理形成强烈的对比，教堂的气势与独特性也将在城市中突显出来。但与高迪所处的时代不同，圣家堂周围早已由一片荒地演变成了巴塞罗那观光客最多的景点，这样是否还有可能实施高迪的早期设想？在建筑两侧，对应着诞生立面和受难立面，有高迪广场和圣家堂广场，另外两侧的方块街区被改造成了公园式的开敞空间。目前荣耀立面的施工还未完成，一方面是因为除了 1906 年的一张设计图，高迪并未留下足够的资料；另一方面是作为主立面，高迪还在建筑前规划了大台阶和广场，而目前的城市空间并没有足够的位置实施，密集的居住建筑、为游客服务的商店和嘈杂的旅游巴士占据了教堂周边的空间。现在，除了教徒的捐赠，旅游业的巨大收益成了圣家堂继续建设的主要资金来源，但大量的人流也带来了交通问题，众多游客的造访与宗教场所的神圣本质也产生了冲突。这些现实的城市问题激发了广泛讨论，也反映出一个标志性建筑与历史、社会、城市的密切关系。

1882 年最初方案中的哥特式教堂
图片来源：https://blog.sagradafamilia.org/

高迪方案图中的圣家堂立面高塔
图片来源：维基百科

1905 年的圣家堂
图片来源：维基百科

2019 年的圣家堂

高迪设计的星形广场手稿
图片来源：维基百科

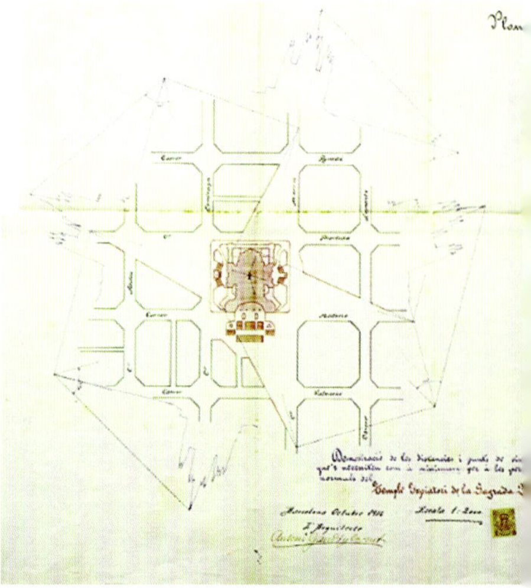

圣家堂的卫星航拍图
图片来源：谷歌地球

3.8.3 结构与空间

圣家堂占地面积 4500 平方米，全面完工后可容纳 1.4 万人，最终高度 172.5 米，将超过梵蒂冈的圣彼得大教堂。由于延续了比利亚尔的新哥特式设计，教堂平面呈拉丁十字形，包括五个殿堂和一间半圆形后殿。但高迪加高了地下祈祷室的高度，拆除了中央楼梯，改为两侧的圆形楼梯，以便获得更好的通风和采光。他还改变了圣殿在平面布局和高度中的尺度，以使其符合一个新的模数系统。教堂内部基本柱网为 7.5 米 ×7.5 米，以此为基准，内部空间的面积呈倍数增加。最大的中殿长 90 米，宽 45 米，中央高 45 米。唱诗廊扶手高 15 米，耳堂拱顶高 30 米，十字厅中央拱顶高 60 米。这样算来，为了不超过蒙特惠奇山的 180 米，7.5 米 ×23=172.5 米便成为最合理的高度。

在建构上，高迪打破哥特式的传统风格，创造性地提出了一种全新的结构形式，所以当我们进入圣家堂的内部，会惊喜地感受到一种与外部截然不同的氛围。整个场所宛如一座梦幻的森林，林立的石柱象征着密布的树木，分叉的枝丫从柱顶伸出并承接着如片片花朵般的双曲面结构拱顶。中殿内的柱子略微倾斜，能够更有效地抵御来自拱顶与屋盖的重量。如果按照中世纪流行的哥特式教堂做法，为了达到一定的高度，必须使用扶壁来支持上部结构产生的侧推力。而圣家堂大胆打破了这种传统结构模式，仿照树木的生长方式，让柱子以树枝分叉的形式独立支撑起巨大的顶部，从而不再需要复杂的侧向支撑结构，所以才会出现浑然一体、令人震撼的内部空间。哥特式建筑的扶壁和飞扶壁的出现曾被普遍看作是中世纪最伟大的工程成就，而在高迪眼里，扶壁的出现只是为了掩饰侧推力的问题，受力问题并没有得到彻底解决，这是哥特式建筑在结构上的限制。他形象地把扶臂比作残疾人的拐杖，而他想要建造的，是这个城市里最接近上帝的高度，且不需要外部有扶壁来辅助的建筑。高迪为这一探索花费了数年的时间，企图寻找新的技术方案。他发明了倒置悬链模型，不再需要复杂的计算就可以为结构找形。这一模型始于古埃尔工业园区小教堂中的试验，最终在圣家堂的建造中得以实现。使用独特的立柱与拱顶，高迪成功地让建筑去除了“拐杖”的束缚，却仍然可以稳定承重。轻巧简明的结构不再受扶壁的遮挡，阳光可以透过彩色玻璃窗

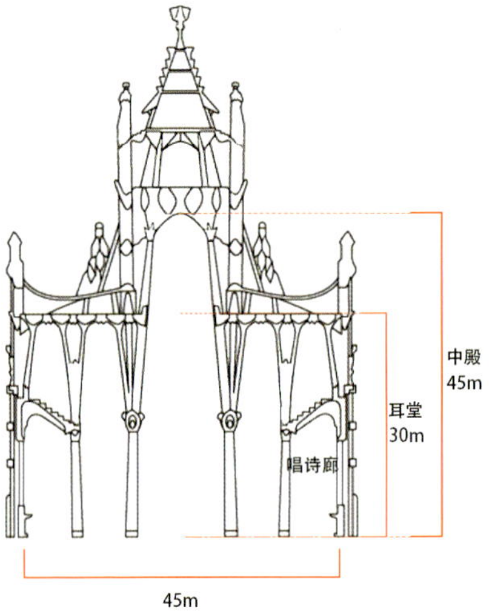

圣家堂中殿的剖面尺度

持续不断地照射进柱林，彩窗中的滤光与拱顶中的一起，产生出光线透过密林深处的树叶而产生的那种光感。

圣家堂大殿的结构模型

圣殿仰视角度的
光照效果

高迪还为柱子设置了层级系统，柱子的尺寸与负载相匹配，负载越大，材料的耐受性越强。他测试了四种类型的石头，蒙特惠奇山的砂岩承重能力最小，接下来依次是花岗岩，玄武岩。斑岩的承重能力最大，用于交叉位置的柱子。柱础的轮廓也与负载相关，砂岩柱采用六边形截面，更粗的斑岩柱则需要十二边形截面，每根柱子从柱础开始沿两个方向螺旋向上。在树状柱分支与主干的茎节处，还利用突起的结构安置了人工照明。

圣殿的柱子结构

高迪所创造的建构和装饰并不互相脱离，而是统一在一个整体的叙事系统中。这种系统不仅体现在一套独立真实的受力逻辑中，也体现在一系列引发美妙体验的艺术隐喻中。除了结构上的作用，树木、枝丫和树冠还形成了一个内部树林，大面积的彩色玻璃窗在变换光线的作用下，投射出斑斓的光，光从密林中透过，带给人们精神上的共鸣，进入建筑就仿佛走进了一座神秘的森林，幽静的气氛可以让人愉悦地祈祷和冥思。模仿自然的具体形态并非难事，而捕捉自然带给人的情绪感受并将其以氛围的方式融入建筑中则是一种更高级的、具有思想深度的操作。这种基于精神体验的设计被用在宗教建筑中也最为恰当。高迪在圣家堂的建造中不仅充当了建筑师，还扮演了一位宗教诠释者的角色，而事实上，他本人就是一名虔诚的天主教徒。

圣家堂的空间氛围

3.8.4 宗教象征意义的装饰

高迪的宗教信仰根深蒂固，天主教的象征物也出现在他的每一个作品中，而圣家堂作为献给上帝的礼物，更是其宗教信念的终极体现。在圣家堂工作期间的高迪像一个清教徒，每天的生活就是工作、祈祷和募捐，十几年如一日。宗教的精神也是支持这项艰难巨大工程不断进行的最大动力，这种精神在圣家堂的每一个装

圣家堂的钟塔造型

蒙特塞拉山

饰细节中都能体现出来。首先，圣家堂的钟塔概念就来自于巴塞罗那西北 60 千米处的蒙特塞拉（Montserrat）山，这也是加泰罗尼亚宗教圣地蒙特塞拉修道院的所在地。山峰在岁月的洗礼中饱受侵蚀，形成了大量筒形和锥形的粗糙巨岩，造型十分奇特。这里自中世纪起就是教徒们的朝圣之地，许多加泰罗尼亚人的名字就取作这座山名。高迪还是建筑系学生的时候，曾和一位建筑师合作设计过蒙特塞拉山上一座修道院的小礼拜堂。

神圣家族指的是基督、圣母和圣约瑟夫家族。高迪为圣家堂所建的18座塔楼除了承托住大钟的结构性作用，也有象征性的作用。每座塔按照地位与重要性被赋予了不同的高度。献给耶稣的最高塔设置于最中心的位置，被4座135米高的福音书作者之塔环绕。138米高的圣母玛利亚之塔设置于圆形后殿。约110米高的十二门徒之塔每3座为一组，分别设置于3个主要立面的位置。每座尖塔的顶部还用精美的威尼斯马赛克和十字架、星辰等宗教象征物加以强调，因为塔尖被认为是上帝视角中最明显的位置，天使看得到这些细节。

对大部分人来说，圣家堂最具宗教含义的部分还是在三个外立面上，注视着这样一座建筑，立面上活灵活现的雕刻就仿佛是一部砖石筑成的圣经，讲述着信仰的历史。圣家堂三个立面分别代表着耶稣一生中最重要的三个阶段：诞生、受难和复活。诞生立面是生命的凯歌，以繁复的浮雕、愉悦的口吻诉说了从玛丽亚怀胎到耶稣长大的故事。这个立面于1894年开始兴建，到1932年才宣告结束，有着极高的艺术张力。三座门廊分别献予圣家族的三位成员：中间的爱之门以耶稣为主题，顶上的小尖塔是柏树的形状，寓意着永恒的生命；右边的信仰之门，象征着圣母玛利亚；左边的希望之门献予圣约瑟。分隔三门的长柱上各有一个吹号的天使雕像，向世人宣布上帝

带有隐喻的局部雕像：正从魔鬼手中接过炸弹的无政府主义者

之子的降生。在诞生立面中，高迪不仅控制了每一组雕像的位置，还参与了雕像形象的设计。从他的工作室照片中可以看到为了推敲雕塑形态所制作的密密麻麻的人体姿态模型，这些人物形象来自活生生的大众，有的是街边的工人，有的是高迪的助手，比如一位吹号的天使就是以他的画家朋友为模特塑造的。雕塑在教堂立面形象中一向都起着重要宣讲的作用，而高迪试图将教义以最亲民易懂的方式传达给大众，因此塑造了工人的形象、新生命诞生等最贴近人民生活的亲切场景。耶稣的形象平易近人，表现手法充满律动。雕塑中最为人称道的是诞生立面玫瑰门中的一个细节：那是一个魔鬼的形象，它的一只手里握着炸弹，正要递给一个无政府主义者。无政府主义者面朝一侧，随时准备采取行动，但他的手恰巧暂停在迟疑的那一刹那：一切蓄势待发，但是否真要去毁灭？一切完全在人的一念之间。在高迪的雕塑中，我们看到了一个个被凝固的时刻，以及富有想象力又极具现实意义的隐喻形象。这些雕像按叙事顺序组织在一起，不仅是装饰，更是石头的语言，除了去看，还需要我们去阅读和理解。

与温馨愉悦的诞生立面相反，受难立面凸显的是耶稣在苦难和折磨下的悲痛之情，轮廓分明，线条简洁，风格悲怆哀伤。1911 年，高迪身患重病，暂时离开了圣家堂，但他却将自身所承受的病痛转化为了受难立面的设计灵感。高迪将三组不同高度的雕塑群像放置于完全未加装饰的墙面上，以 S 形的叙事方式描绘了耶稣从最后的晚餐到被安葬的过程。外面一层规划了六根倾斜的树状大石柱，其上再支起十八根骨状的小柱。外层的柱廊凸显了明暗对比，制造出令人害怕、恐慌的效果。受到高迪的意外离世与西班牙内战影响，西侧的受难立面直到 1954 年才开始建设，资金同样来源于人们的捐助，在 1977 年建设完工。1986 年起，基于高迪早年留下的草图和模型，加泰罗尼亚雕塑家苏比拉什以个人的风格开始制作立面上的雕塑。他以简洁抽象的造型、轮廓分明的线条、富有表现力的人物形象完美诠释了高迪所构思的耶稣受难过程。

圣家堂诞生立面和雕塑

圣家堂受难立面和雕塑

圣家堂小学校的屋顶

圣家堂小学校的立面

圣殿旁还有一所筹建协会为贫困家庭的子女所创办的学校。考虑到建筑的临时性，高迪降低了预算，主要用经济实用的加泰罗尼亚砖拱完成了建造。学校的外形和屋顶均采用了同样的波浪式翘曲结构，没有过多的装饰，用最简洁的材料传达出来自几何建构本身的形式美感。

1911 年，身患重病的高迪所设计的受难立面手稿，骨状柱和廊柱强烈的明暗对比制造出令人恐惧的效果
图片来源：维基百科

圣家堂小学校的内部空间
图片来源：https://blog.sagradafamilia.org/

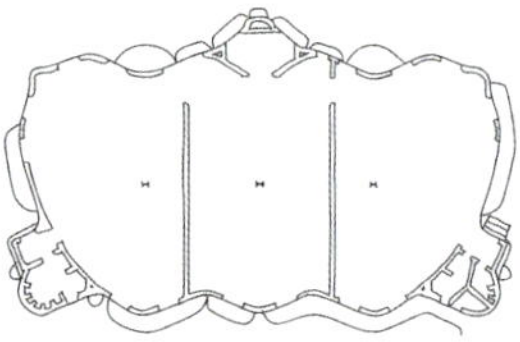

圣家堂小学校平面图

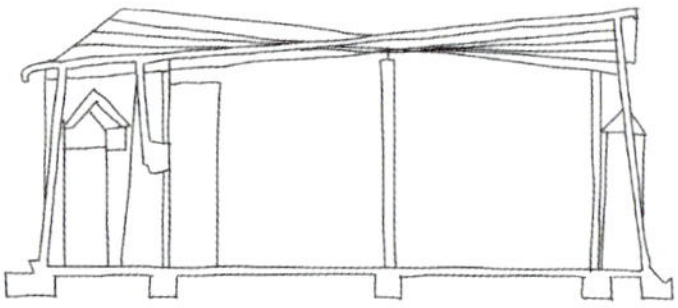

圣家堂小学校剖面图

第四章

高迪的设计理念和方法：技术与艺术的平衡

在建筑历史上，新的材料和建造技术总会不可避免地造成建筑风格的转变，同时，社会意识形态和普遍审美情趣的转变也会推动技术的发展。结构上的创新与形式上的创新从来都是难以分开衡量的。在欧洲，随着工业革命对钢和钢筋混凝土使用技术的推动，建筑业有了极大的发展，建筑师们开始大胆尝试在建造中使用新的结构。但 19 世纪末，工业革命也导致了大量农村人口涌入城市，城市化进程加快，使人们又怀念起昔日的自然。一个喧嚣的、充满可能性的新世界与一个有情怀的、自然的旧世界就这样成了 19 世纪的矛盾精神。这种矛盾也同样存在于高迪的建筑中，他一方面在结构、空间中探索新的形式，另一方面又执着于传统的形式、建造材料和手工艺，这导致他逐渐在传统风格中创造出了新颖的结构和形式。

4.1 高迪的理论来源

在高迪的时代，对他影响最大的两个思想分别来自英国工艺美术运动和法国结构理性主义思潮。1901 年，英国工艺美术运动理论家约翰·拉斯金（1819—1900）和威廉·莫里斯（1834—1896）的著作被翻译成加泰罗尼亚语。拉斯金是一名艺术评论家，他认为建筑作为一种艺术形式具有语言的功能，与思想的地位同等重要，强调了建筑的社会性功能。他还主张艺术与技术的结合，将观察融入设计。莫里斯也强调实用性和美观性的结合，推崇自然。两人都否定了维多利亚风格，认为哥特式、中世纪的设计风格才是诚实严谨的，尤其是在装饰和手工艺方面。高迪第一次接触约翰·拉斯金与威廉·莫里斯的作品便对中世纪的建筑风格产生了兴趣，进而开始不断探索这种建筑精神。

同时，高迪的思想也深受法国结构理性主义学家维奥莱·勒杜（1814—1879）的影响。高迪曾参观过勒杜在卡尔卡松设计的复古市区，还访问了勒杜本人。勒杜也是折衷主义的反对者，排斥法国古典主义的建筑形式，并告诫建筑师们不要简单地复古，而是要从中加以提炼并进行内化。他强调功能与建造过程真实的理性主义。他还认为建筑是一门科学，同时也是一门艺术，建筑师要有知识与经验，也要有对建筑的感觉，装饰应由结构决定，材料要表现出好的效果等。高迪在 1878 年 9 月的日记中谈到他在阅读勒杜的《建筑言谈录》，并写道："对风格的模仿不可避免地导致冗余的装饰，简约的风格必然带有优秀的结构……对自然的学习能赋予我们某些直觉，但是对进化与材料的学习却为每双眼睛与每座建筑带来一种特质。"（出自高迪留下的日记本"El Manuscrit Reus"）此外，勒杜提倡回复到地域性建筑，把组成民族风格的要素看成是结构理性主义原则的一部分。这种文化民族主义也表现在高迪对地中海和加泰罗尼亚民族元素的运用中。

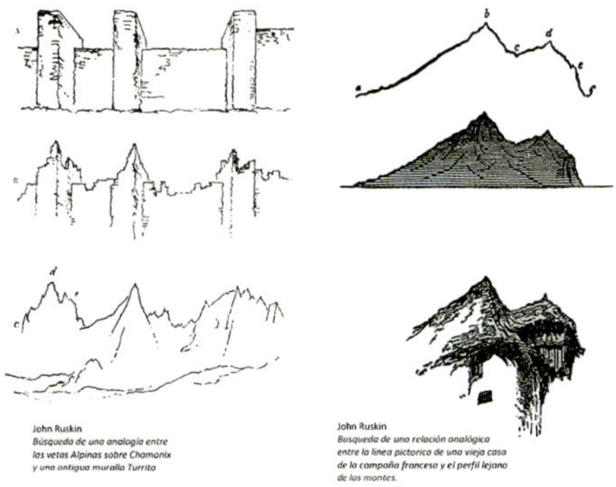

约翰•拉斯金：建筑中的自然形式图解
图片来源：Cristina Jover. *Gaudi y Barcelona.*

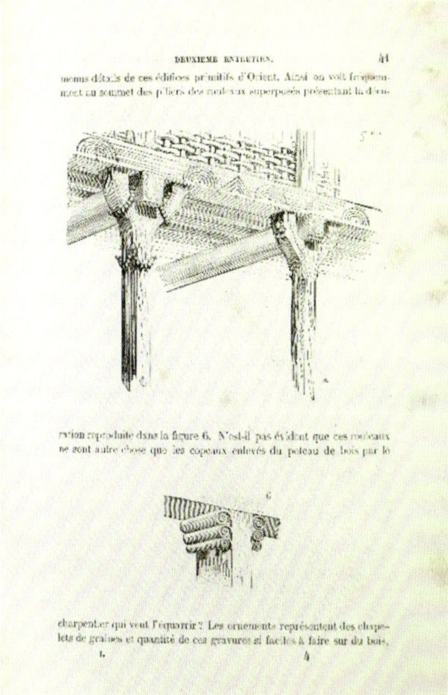

DEUXIEME ENTRETIEN. 41

menus détails de ces édifices primitifs d'Orient. Ainsi on voit fréquemment au sommet des piliers des rouleaux superposés présentant la décoration reproduite dans la figure 6. N'est-il pas évident que ces rouleaux ne sont autre chose que les copeaux enlevés du poteau de bois par le charpentier qui veut l'équarrir ? Les ornements représentent des chapelets de graines et quantité de ces gravures si faciles à faire sur du bois,

I. 4

勒杜著作中的建构插图
图片来源：Eugene Viollet-le-Duc.
Entretiens sur l'architecture. 1923.

欧文·琼斯画册中的阿拉伯图案
图片来源： Owen Jones. *The Grammar of Ornament.* 1856.

欧文·琼斯画册中的植物图谱
图片来源：Owen Jones. *The Grammar of Ornament.* 1856.

在巴塞罗那建筑学院学习时，高迪对几何和绘画课很有兴趣。他经常泡在图书馆里阅读各种画册，比如《装饰法则》。书中大量伊斯兰教建筑的装饰图样是风行 19 世纪的建筑理论家欧文·琼斯到西班牙阿尔罕布拉宫调研后所绘制。高迪也对雷洛伊的著作《描述几何学》感兴趣，书中提到的各种直纹曲面[12]等几何概念其实很难理解，也很少被运用到建筑中，但这因此也成了高迪后来所设计的建筑的一个特色。高迪还阅读了许多同时期哲学家、思想家、诗人的作品，他们都主张将艺术融入生活中。恩斯特·海克尔的宇宙生命论研究了自然形成的过程，动物的起源、动植物形态的结构逻辑等，这种将科学与艺术融合的观念也潜移默化地转化为高迪独特的建筑语言。

12　在几何学中，如果一个曲面上的任意一点上均有至少一条直线经过，则称该曲面为直纹曲面。另一种常见的说法是，如果一个曲面可以由一条直线通过连续运动构成，则可称其为直纹曲面。以三维欧几里得空间为例，最常见的直纹曲面是柱面和锥面。著名的莫比乌斯环也是直纹曲面。

受到这些理论的综合影响，高迪成熟期的作品表现出对古典风格折衷主义的反对，对哥特式风格的创新运用，对真实建造的追求和对自然构造的观察，提倡装饰为结构服务、美观结合实用、技术结合艺术等。虽然高迪广泛关注当时流行的各种新思潮，却没有刻意提出过任何自己的理论。因为相比学院式的、书本上的知识，他更相信经验和实践。他从不写诗，但他的建筑充满诗意。他不是哲学家，但他用建筑表达深刻的思想。当有人问他最喜欢哪本书时，他指着书房窗外的树说：“那就是我最好的建筑书。”

德国动物学家和哲学家
恩斯特 • 海克尔

恩斯特 • 海克尔画册中的海洋生物图谱
图片来源：Ernst Haeckel. *Kunstformen der Natur.* 1904.

4.2 创作就是回归自然

高迪认为“只有疯子才会试图去描绘世界上不存在的东西”，大自然是高迪创作的灵感源泉。他从不挖空心思去发明某种特别的形式，他只想按照自然的本源去创作。高迪还有一个著名的论断：“创作就是回归自然。”这种回归不仅是在建筑中应用一些抽象的自然图案，而且要追根溯源地去探究自然的本质。这种自然观也意味着不去刻意做什么，只是顺其自然。童年在塔拉戈纳乡野的成长经历让高迪很早便对自然产生了热情。上学时，他只去修读那些自己感兴趣的课程，包括自然史。虽然后来身体被病痛折磨，但他还是在加泰罗尼亚进行了数次远足和登山探险。这些经历让高迪对自然产生了更深刻的理解，他不仅把对自然的模仿应用在装饰层面，还从自然中获取了建筑结构和构造的知识。他认为建筑师就如同造物者，建筑的本质应该是从自然出发，他从自然中发现了许多天然形成的结构，如树状支撑柱、动物肋骨般的拱券，海浪造型的曲墙面等。高迪的建筑中还经常使用天然的材料，如木材、石材、生铁等，他懂得充分运用这些材料的特性，

高迪设计的凉亭，位于王宫公园（Palau Reial）

这也是一种溯源。他有时就地取材、物尽其用，有时使建筑顺应地形，类似道家思想中的顺应自然进行创造。他还在建筑中以结构作为装饰或使装饰顺应结构，这是另一种自然而然。最后，他采用经验式的模型取代复杂的计算，用直纹曲面代替完满的几何形式，这种设计方法本身也是自然的。这几点“自然”几乎涵盖了高迪所有的设计理念。

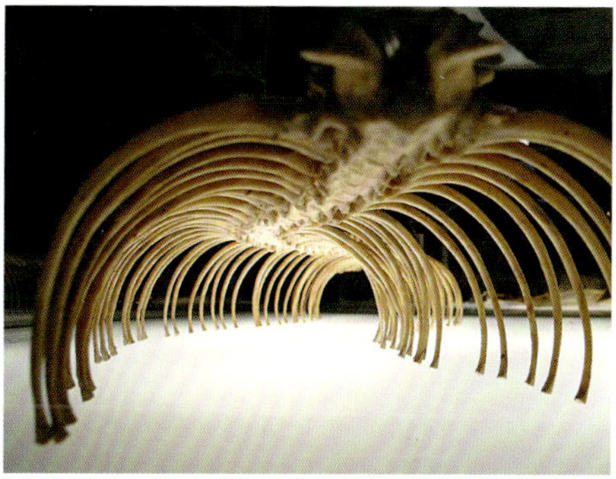

动物的脊骨与砖肋结构原理

树木的结构和森林的光感与圣殿的柱子结构和光照效果

椰枣树叶

蜂巢

预制构件组合成的铸铁大门

预制地砖拼贴的三种海洋生物图案

海克尔的海洋生物图谱
图片来源：Ernst Haeckel.
Kunstformen der Natur. 1904.

4.3 结构美学逻辑与空间智慧

4.3.1 经验式的模型方法

高迪喜欢凭借经验和直觉推敲建筑的形态，但他的建筑并不是大型雕塑，因为除了奇异的外形，他还塑造了可以让人进入的建筑空间。高迪出生于一个手工艺家庭，除了观察自然，儿时的他还喜欢观看父辈锻造金属，将其做成锅、壶等器具。在父亲的手中，平面的金属片可以神奇地变成各种三维的自由结构。也许高迪的建筑空间思想就是在这时形成的，这其实有些类似于老子所说的“埏埴以为器，当其无，有器之用。凿户牖以为室，当其无，有室之用。”通过手工的锻造，金属片慢慢变成容器，正因为中间是空的，才有器具的作用。高迪的建筑也像是用手工塑造的大型容器，只不过容纳的是人们的各种行为活动。这种基于几何经验，用手工方法为容器找形的方法慢慢成为他理解事物、进行创造的方法，也常常被高迪运用到建筑空间的塑造中。

在巴塞罗那学习时，高迪系统地学习了各种技术，甚至包括摩托车和机械，他还了解了化学、物理、几何学等方面的知识。学生时代的他就展现出一种创作天赋——他可以设计、演化和计算复杂的结构。虽然高迪还是学生时就已经熟练掌握了计算简单拱的数学方法，但是这种计算方法无法产生他想要的三维结构。于是他没有像常规那样通过精确复杂的计算和理论去进行建筑设计，而是倾向于先建出可塑的模型，再计算和画图。因为相比二维的图纸，或大或小、不同比例的模型可以一目了然地反映出结构的逻辑，也便于试验和反复修正新的想法。在创作中，为了推算某个结构的荷载，高迪会按比例制作出大量的过程模型，而且这些模型可以应用在设计的各个阶段来推敲造型的变化。高迪的工作间就像一个实验室，除了利用各种模型，他还用镜子、摄影等各种能想到的方法进行试验。为了寻找耐受性能好的石材，他找来各种不同的石头进行对比。这种新的经验式的设计方法直接影响了高迪建筑思维的形成。可以说，在建筑实施建造之前，高迪的创造力就已经通过模型试验表现出来了，比如下面要谈到的著名的悬链结构模型。

高迪童年故居中留下的金属器具和锻造工具
图片来源：鲁多姆斯高迪之家

高迪在圣家堂工作间的模型
图片来源：维基百科

悬链拱模型是一个推敲结构形式的经验式模型，用悬置重物的细绳模拟出拉力，而因为拉力与压力平衡的原理，将其倒置过来，正好可以与拱顶和柱子所承受的压力平衡。高迪的悬链结构模型创造于古埃尔工业园区的教堂中，他试图用这个试验模型反推重力表现教堂的结构，这种新的结构最终被应用于圣家堂中。最初的模型由棉线、布料、金属托架和铅球袋组成，这些废料在古埃尔的纺织工厂中都能找到。高迪将一个带有教堂平面的基托架悬挂在天花板上代表教堂的地板，之后在教堂柱子对应的位置，把长长的棉线挂在托架的钩子上。这时松弛的拱形式就出现了。为了表现结构可能会承受的荷载，不同重量的铅球袋被有规律地挂在绳索相应的点位上。铅袋的重量与建筑物须负担的荷载成比例，所以更改绳子或重物，模型的形状会得到即时的改变。这样稳定后的绳子自然产生出的悬链形，就是拱应有的角度和形式。当实物模型渐渐呈现出高迪脑海中构思的形式时，他再通过观察绳索的形状草拟出柱子和拱券的布置。如果在模型下面放一面镜子，教堂上下颠倒，绳子表示柱子，那么从镜子中观察到的就是正立的教堂了。模型确定后，高迪会将其拍照，再用铅笔在倒置的照片上描绘，就出现了他理想的教堂形式。

这一系列过程看起来容易，但试验研究却在古埃尔工业园区教堂的工程开始前进行了将近十年。悬链结构的优点在于，它只受自相抵消的切力作用，能够平均分配支撑重量。这个结构可以极大地帮助建筑受力平衡，从而使建筑不需要借助哥特式建筑那种扶壁的支撑。这种用铅垂法做悬链线的做法实际上在拱的找形中已经被应用过，但高迪这个悬链模型的独特之处在于，它首次将这种方法三维地应用于整个建筑的架构体系当中，在真正意义上展示了力的传导方向，形成合理而无赘余的受力关系。这一模型将高迪的设计方法可视化，不再需要复杂的计算也可以为高塔的拱顶找形。同时，当一条链的两端被悬起，吊起自身的荷载，这种形状非常接近一个自然的抛物线，这种力学上的自然合理也使得高迪的结构形式变得具有美学上的自然感。专业的学习让高迪收获科学的知识，观察自然给了他艺术的灵感，经验式的模型方法使他能够将艺术与科学、经验与知识结合在一起，推敲出最实用经济的解决方案。因此他说：“我的结构美学想法出于不容置疑的逻辑。”

悬链拱模型

基托架和悬挂棉线的钩子
图片来源：维基百科

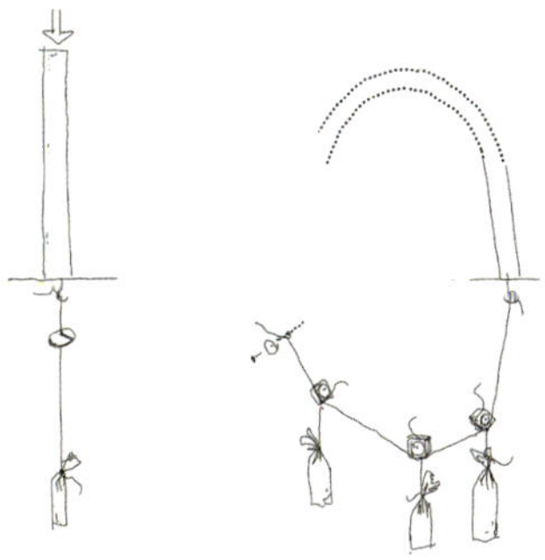

悬链拱模型原理

悬链拱模型试验照片
图片来源：维基百科

高迪在试验模型倒置照片上用铅笔描绘的建筑轮廓
图片来源：维基百科

4.3.2　拱结构与直纹曲面

拱结构作为西方建筑基础的砌筑结构在古罗马时期就传到了加泰罗尼亚，并于中世纪末期在这里逐渐发展成一种具有代表性的结构——加泰罗尼亚拱。加泰罗尼亚拱由薄片砖层压而成，造型呈弯曲的弓形，是一种轻型的天花板结构。现在加泰罗尼亚地区许多 13 世纪到 16 世纪的建筑中都能看到这种结构，它可以根据跨度要求脱离外墙搭建，拱的重量得到减轻但也依然能稳定承重。出于民族热情，高迪对运用加泰罗尼亚拱颇有兴趣。

不同建筑天花板中出现的加泰罗尼亚拱顶

不同作品天花板中出现的加泰罗尼亚拱顶

在高迪对加泰罗尼亚拱的结构诠释中，最具创新性的是圣家堂小学。建筑的墙面和屋顶都用加泰罗尼亚拱的方式砌筑建成，呈正弦式锥曲面造型。屋顶内部有贴合锥曲面的木龙骨，搭在中央一排 T 字梁架上。整个结构不仅自重轻、用材经济，还十分稳固，符合临时建筑的需要。建筑在外观上没有多余的装饰，但也充分体现出了结构之美，活泼的造型作为小学校最为恰当不过。屋顶相连的凹面和凸面造型还自然地起到了排水作用。这种正弦曲线形式在自然界中也很常见，在贝壳、峰峦、大海的波浪、蛇行的轨迹中都能找到。古埃尔公园大平台的椅背上也存在正弦曲线的运用，凹与凸构成了两种不同体验的交往空间。

圣家堂小学校的墙面和屋面结构

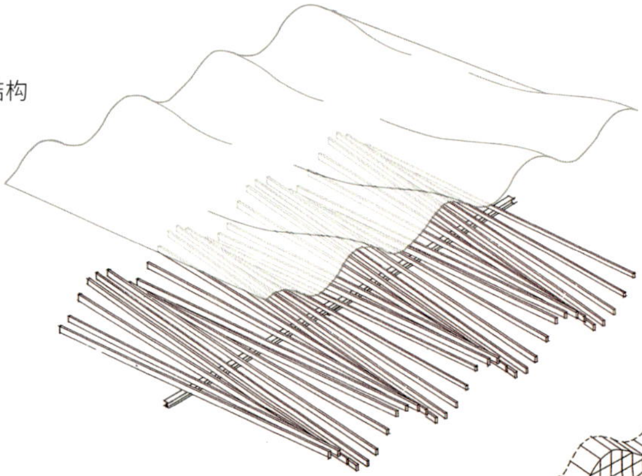

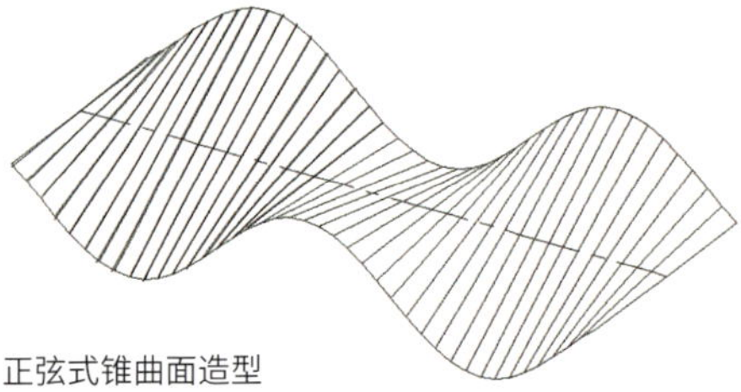

正弦式锥曲面造型

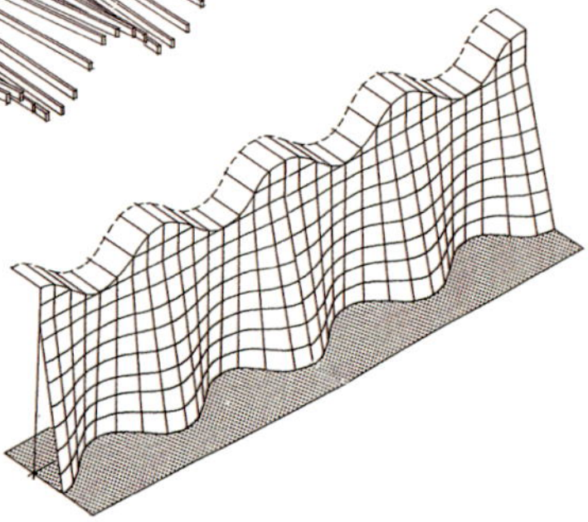

圣家堂小学校的鸟瞰照片

自然界中的正弦式锥曲面

除了正弦曲线，高迪还创造性地把传统建造技术和悬链线的形式结合到了一起。如前文所述，悬链式拱的好处是可实现自我支撑。在马塔罗工人合作社的车间中，高迪首次用简单的悬链拱结构支起了整个建筑，这在当时并不多见。在传统的建筑结构中，人们更倾向于使用圆弧形的拱，但在拱结构中结合悬链线形，可以进一步降低顶的厚度和重量，因为拱的形状符合压力作用的自然方向。在古埃尔宫的顶部、古埃尔庄园的马厩、米拉之家和巴特罗之家的阁楼、特蕾莎学校的走廊都能看到这种结构。高迪在他第一个悬链拱的车间结构中采用了拼接在一起的木材，但在后来的建筑中以砖材作为悬链式拱的主要材料，并且结合了加泰罗尼亚拱的砌造方法。

巴特罗之家屋顶的悬链拱架构

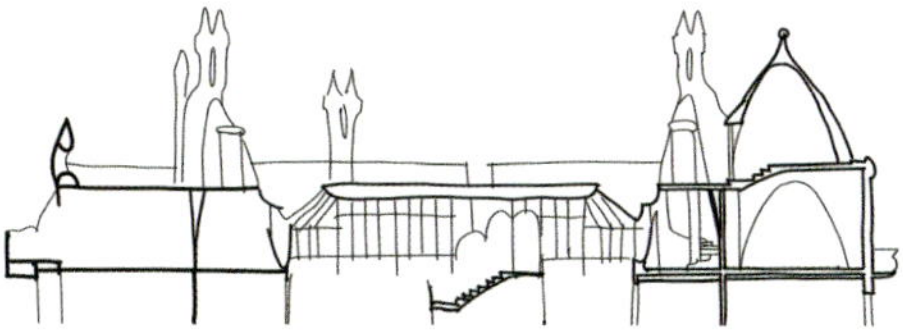

米拉之家屋顶的悬链拱架构

当时的公寓中，阁楼层主要用作洗衣和晒衣，悬链拱结构为这一功能提供了完整的空间，而且高迪还巧妙地把拱顶的造型与建筑外部形象结合在一起。比如巴特罗之家的内部悬链拱结构在外部展现出了一条龙的灵活形态，龙脊中央的突出处是两层悬链拱架起来的，陶瓷瓦片做成的龙鳞随着拱的形态波动变化。我们在这里看到建筑结构、形式和功能被完美地结合在一起。规模更大的米拉之家屋顶又是另一种形式，在这里，象征作用主要由烟囱和楼梯出口所承担，屋顶层更突出游览和观景的实际功能需要。阁楼拱顶带来的起伏动态在屋顶层演变成了游览路线中上上下下的台阶，从远处看屋顶的轮廓就像一座座此起彼伏的山丘。

高迪作品中出现的悬链拱结构

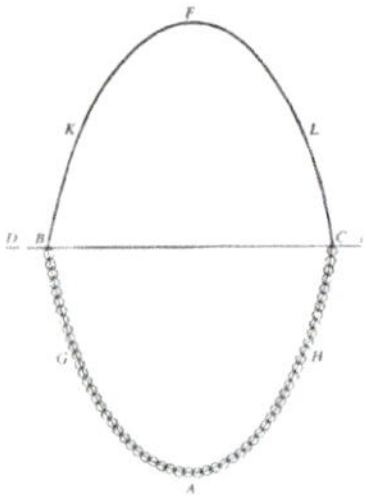

悬链拱形式

此外，由于高度越大，拱上所承受的水平侧推力就越小，所以越细高的拱门，两侧承受的侧推力就越小。有了悬链拱，也意味着可以不需要厚重的扶壁来支撑，所以突破哥特式建筑上细下粗的形式也成为可能。这就是高迪对圣家堂中拱顶结构的一个主要构想。他用悬链模型做出了中殿顶部的结构模型，用简单的方法为拱顶找到了平衡稳固的造型。长久以来，西方建筑史基本上就是一部教堂建筑史，从罗马式到哥特式再到文艺复兴的穹顶，建筑结构和形式的发展都紧随着拱和穹顶的改进。在高迪设计的两座教堂——圣家堂和古埃尔工业园区教堂中，最有新意的变化也体现在对拱顶结构的探索中。高迪在圣家堂的拱顶中甩掉了哥特式的“拐杖”，又在内部建立起了一个“森林”。树状的结构是以悬链模型中得到的倾斜柱为基础的，顶面中还结合了一些直纹曲面，如锥面、双曲抛物面和旋转单曲面等。

哥特式教堂的扶壁

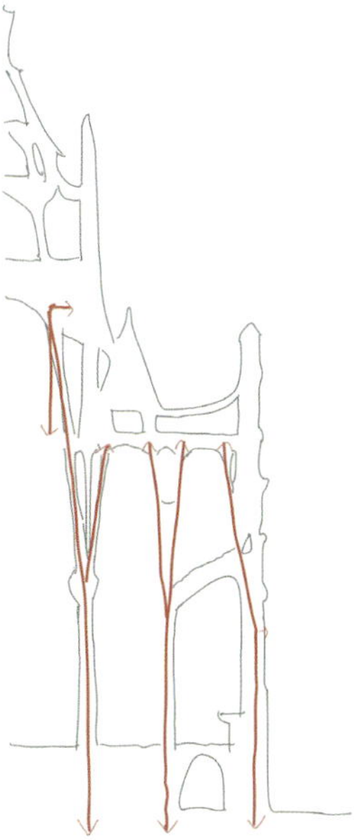

圣家堂的树状结构

圣家堂的结构创新

圣家堂中的双曲抛物面造型

双曲抛物面的几何形式

直纹曲面在高迪的作品中无处不在，它们的共同特征是都可以通过直线生成，如螺旋面、锥曲面、双曲面及他们的衍生体等。双曲抛物面也是直纹曲面，它由空间中两条不平行的直线按照共同的母线旋转得到。这一发现为高迪的结构造型找到了新的依据。传统建筑的几何元素，如三角形、方形、圆形、棱锥、立方体、四面体、圆

多种直纹曲面复合成的圣家堂拱顶造型

柱体、球体等，仍需要严格的尺规限定，但直纹曲面的形式在大自然中都可以找到，并且因为是由直线构造，也易于施工，可操作性强，又具有自然几何的美感，所以高迪将它们广泛地运用到了建筑的外墙、拱顶和屋顶中，经过多种创造性的组合，形成了今天我们所看到的种种新颖的结构造型。

高迪将不同的曲面结合应用到圣家堂中殿的拱顶和柱头中，巧妙地连接起顶部的天窗和柱子的分枝，使整个空间浑然一体，显示出十分自然的几何美感。双曲面在自然界中也很常见，显而易见的例子是许多树木在离开地面时从根部发展树干的方式，还有手指或脚趾之间的网状结构在张力下呈现的形式。这些形式的表面是由非共面边界形成的。最典型的双曲面体现在古埃尔工业园区的小教堂门廊拱顶处。为了填补顶部结构中出现的三角面，高迪在建筑史上首次采用了这种反常规的凸形双曲面拱顶，造型十分精巧。

自然界中的双曲面造型

古埃尔工业园区教堂门廊拱顶的双曲面造型

还有一种螺旋曲面（Helicoid）被高迪广泛应用于建筑的旋转楼梯和一些柱子中。螺旋面是围绕轴线同时进行旋转和位移产生的。比如我们从圣家堂的塔楼向下俯视，看到的就是这种类似于蜗牛壳的造型，并且在这里高迪还采用了非常仿生的加速位移的螺旋形式。在古埃尔宫的地下马厩和古埃尔工业园区的小教堂中都可以看到这种用加泰罗尼亚拱砌成的螺旋曲面坡道。

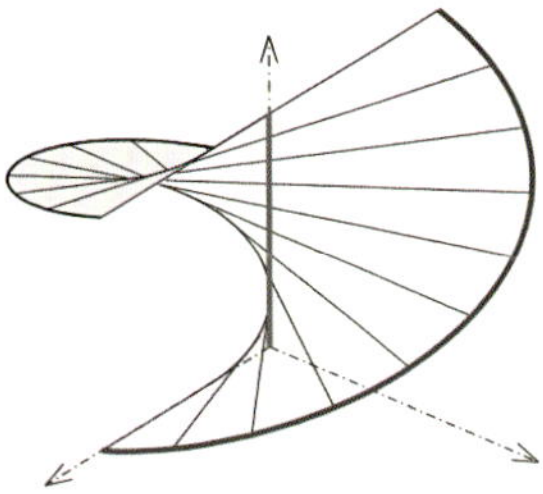

螺旋曲面造型

圣家堂钟塔的旋转楼梯

古埃尔宫地下马厩的旋转坡道

从以上的结构实例中，我们看到了高迪在结构设计方面的造诣。他创新性地使用了悬链拱和锥曲面、双曲面、螺旋曲面等直纹曲面。但这些结构形态并不是高迪发明出来的，他只是将这些自然界中普遍存在的形式发掘了出来。高迪认为“艺术必须出自大自然，只因大自然已为人类创造出最具独特魅力的造型。”这种观点使他创造的结构逻辑本身就具有艺术的美感。他创新地将这些曲面与加泰罗尼亚特有的拱技术结合在一起，以此追溯一种属于地域的、具有民族特色的传统。高迪曾骄傲地说：“地中海艺术将会永远特别地高于北方艺术，因为我们善于应用自然。”

高迪作品中源于自然的结构形态

4.4 装饰的多重含义

虽然高迪深受勒杜的影响，倡导结构理性，但是他的作品并不刻意暴露结构，或者说并非总在直观地表现结构，那些坚固结构总被包裹在柔软线条的装饰中。无怪乎许多参观过高迪建筑的人都误认为他是一个只注重形式的建筑师，创造的都是吸引眼球的奇观建筑。最明显的例子是高迪设计的米拉之家。虽然高迪在米拉之家中已经前瞻性地使用了框架结构，但建筑无论从室内看还是室外看都像是一个笨重的石头屋，也难怪它的另一个名字叫采石场。其实米拉之家并不是一座放大的建筑雕塑，它的内部充分考虑了通风、采光和灵活的空间布局，就连它看似沉重的外立面其实也是通过金属构件挂到结构框架上的。这些从侧面表现出了高迪所处时代的矛盾性。在探索新风格的时代，建筑师们总是试图创新却又无法摆脱旧的影响，他们一方面追求结构理性，另一方面又难舍感性的装饰。对于高迪来说，这其中的原因是多样的，既有时代的影响、类型建筑需求的影响，也有他个人的民族意识和宗教意识的影响。

在高迪的第一个主要建筑文森之家中，建筑装饰风格还受到地中海特色的、穆德哈尔式的东方风格影响，当他转而为新兴资产阶级建设住宅时，装饰又体现出时代和社会的需求。对新兴资产阶级的委托人来说，新公寓的装饰也像他们收藏的油画作品一样，是显示品位与追求的必需品。米拉之家虽然采用了石柱和铁组成的框架结构，但除了使平面布局更加灵活外，这个结构对于高迪还有另外一个重要的意义，那便是为他之后进行不规则的空间设计和室内装饰提供了便利。巴特罗之家主层室内空间中曲面墙与漩涡状的吊顶连在了一起，让直角的边界也彻底软化了，空间的边界也随着曲线的木门窗、柔和的转角渐渐消融。虽然造价颇高，但这种有机线条创造出的新形式正是资本家们希望人们在格拉西亚大街上看到的。虽然同样采用了框架结构，但这与柯布西耶那种可批量生产的、服务于大众的白色方盒子有着本质上的不同。

米拉之家和巴特罗之家的室内外装饰掩盖了内部的框架结构，塑造出个性的空间，服务于新兴资产阶级的精神需求
图片来源：巴塞罗那照片档案馆

高迪暴露结构的想法只在那些具有辅助功能的场所或者临时建筑中出现，比如米拉之家和巴特罗之家的阁楼、古埃尔宫的地下马厩层、圣家堂小学校等。在米拉之家圆形庭院的下方，藏着一个革命性的发明，类似于自行车轴的支撑结构。在古埃尔公园的路桥内廊中，非垂直的支撑柱与倾斜的挡土墙在上

柯布西耶马赛公寓中可批量生产的结构单元，居住的机器服务于普通大众
图片来源：https://www.domusweb.it

部连成一片，像一个洞穴一样，如果不是后来有人画出了受力分析图，我们很难意识到那样的倾斜其实顺应了荷载的方向，内部的建构逻辑是如此理性。因为我们看到的只是路桥内外表面贴满的毛石，洞内钟乳石似的造型，树状柱的顶部树冠似的盆栽。在古埃尔公园，装饰表现出融合乡野的自然情趣。

高迪对装饰的理解其实还带有强烈的宗教意识，当他说出“直线属于人类，曲线属于上帝”时，便透露出一种对造物主的歌颂。自然界中万物的灵性也都被他归于造物主的伟大创造。可以说，高迪的自然观与宗教信仰是联系在一起的。在圣家堂内部，高迪试图用悬链拱的自然曲度去替代常规结构元素的人工式交接，最终塑造了一个树干、树枝和树叶连成一片的精神森林，他用属于造物主的形式期待着他的天主能够降临于此。如此也更容易理解圣家堂立面那些巴洛克式的复杂装饰，它们起到了像圣经一样的精神教化作用。其实高迪设想中的教堂立面应该是彩色的，把粗糙的石头全都包裹起来。比如在圣家堂去巴黎参展的一个模型中，我们仍然可以看到久乔尔为圣家堂设计的彩色立面方案。再比如高迪设计的古埃尔工业园区教堂，其内部的石柱和砖顶给人留下粗犷原始的印象，但实际上他尝试过用白色的石膏去覆盖它们，如果不是工业园区的停工，也许完工后会有更多的装饰。

古埃尔公园的毛石装饰

古埃尔工业园区教堂内部还未经装饰的石柱和砖顶

从高迪的第一个主要作品文森之家到最后一个未完成的建筑圣家堂，建筑的外部形状往往并不能如实传达内部的功能，可以触及的表面都是装饰过的。此外，尽管从 19 世纪开始，钢材和钢筋混凝土已经出现并被应用于建筑建造中，但高迪在结构中所使用的材料几乎都是传统的砖、石、木等。他只在古埃尔宫、米拉之家和巴特罗之家的建造中使用了金属材料作为主梁，以解决空间布局问题。混凝土也几乎没有被使用过，唯一的特例是在圣家堂的一个塔楼中，但也已经是到了建造后期。高迪的建筑很少使用钢和钢筋混凝土，可能是因为这类材料需要经过精确的计算才可以应用，而倾向于经验主义的高迪更需要砖、木材、石材这类由工匠去建造的材料。这些人工的建造方法需要依靠工匠的智慧，操作上也具有灵活性，因此更能制造出高迪所需要的那种自然感的装饰。

4.5 手工艺的精神

4.5.1 对材料的物尽其用

为陶瓷商文森·蒙塔内尔建造文森之家时，高迪首次尝试采用陶瓷制品装饰墙面。他使用了白色和绿色的瓷砖进行棋盘式的排列，穿插其间的黄色瓷砖上的花朵图案，取材于场地中随处可见的金盏花。高迪在每一个预制单元图案中排布了三朵大小不一的金盏花，这样瓷砖再进行组合时就可以通过改变方向创造出多种可能。在高迪的职业初始阶段，不同的瓷砖单元还只是单纯排列出符合美学效果的图案，但在巴特罗之家的内庭院中，高迪已经不把瓷砖当成一种纯粹的装饰，而是试图用瓷砖的铺装方式去影响建筑的采光功能。为了使自然光均匀地分布在上明下暗的采光井中，高迪将瓷砖釉面的蓝色进行了细致的深浅分级，这一细节足见高迪对材料特性的充分理解和对装饰的理性思考。

大多数建筑装饰中，瓷砖基本上都用于铺装平整的建筑表面。但在面对古埃尔庄园灯笼式的圆顶弧面时，如何利用瓷砖铺装成了一个难题。高迪没有转而使用其他材料，而是想到了一个好办法，就是把回收的瓷砖先打成小的碎片，再贴到需要的曲面上。其实马赛克拼贴法早在公元前2000年就出现了，古罗马时期主要被用作地板的装饰。但高迪的方法有所不同，陶瓷马赛克不仅是一种平面图案，也是为建筑三维形体创造的外衣。这种应对曲面的装饰技术被称为陶瓷马赛克拼贴术 (Trencadís)。它是一项可以被称为艺术的技术，将瓷片打碎后再利用，可以不受限制地进行自由创作，所以在古埃尔庄园项目之后，高迪把这种偶然得之的方法推广到了许多作品中，比如古埃尔宫屋顶很多造型复杂的烟囱，就是用碎瓷马赛克装饰的，它们成了一个个活灵活现的彩色雕像。碎瓷拼贴马赛克中最令人印象深刻的是古埃尔公园的蛇形座椅，大大小小的瓷片铺满了蜿蜒的曲面，有些组成象征性的图案，有些就像印象派的画作。这些碎瓷片融入砂浆中形成的表面，还在户外起到了防水作用。仔细观察我们会发现，每一片瓷片都不相同，呈现出它们被打碎时的真实面貌。高迪经常到附近的工厂拾荒，收集废旧的餐具、玻璃器皿和瓷器，有时我们甚至能看到嵌入建筑表面的咖啡杯、绿酒瓶、盘子、贝壳等物品，但这些瓷片出现的位置、比例和颜色经过整体控制，和谐地融入了建筑造型中。

文森之家的立面瓷砖组合方式

预制瓷砖中金盏花图案的多种组合方式

巴特罗之家天井中配合进光量变化的瓷砖颜色

古埃尔宫卫生间墙面
的平铺花瓷砖

再次出现在古埃尔宫屋顶烟囱
上的花瓷砖，经过打碎再创造，
形成陶瓷马赛克效果

巴特罗之家内院的瓷片和玻璃片装饰

古埃尔宫屋顶烟囱表面的陶瓷马赛克装饰

碎瓷马赛克中嵌入的玻璃
酒瓶和瓶底

碎瓷马赛克中嵌入的咖啡杯、瓷盘和贝壳等回收物，由高迪和艺术家久乔尔共同完成

古埃尔工业园区教堂中不同承重条件下的石材柱子

高迪善于发掘材料的特性并在此基础上进行创作，这一点还体现在他对砖和石材的利用中，比如前文提到的，他用加泰罗尼亚特有的薄砖拱技术结合新的几何形式所创造的结构。砖材似乎天生就应该被做成拱的形式，而石材则是非常好的抗压构件。高迪用实验方法去研究各种天然石材的特性，并根据它们不同的强度，把它们安排在结构中不同的位置上，比如蒙特惠奇山的砂岩用在荷载最小的地方，其次是花岗岩、玄武岩，承重最大的地方使用斑岩。在圣家堂和古埃尔工业园区教堂柱子的设计中，高迪都根据承重需要选用了不同的石材。

高迪为古埃尔庄园设计的大门是其高超铁艺技术最充分的体现，在巨龙的主体中，重点突出龙头和翅膀，而身躯则化为蛇形低调处理。整头巨龙按照天龙座的星象位置安装在大门上，占据了铁门的全部空间，似在张牙舞爪地向来人怒吼。龙身和大门的连接处还有一个机械装置，当门打开时，会带动门上的铁链使得巨龙跟着动起来，给人以无尽的想象。仔细观察我们会发现，这些铁件其实都是工厂回收的零部件，我们仍然能辨认出螺旋钢做的龙颈，金属网面的翅膀等[13]。这一系列工业生产的构件决定了巨龙各部分的尺度，高迪所做的只是创造性地把这些现存的构件装配在一起。铁艺作为手工艺的装饰，还被用在许多建筑的阳台、栏杆、灯具上，如米拉之家的铸铁栏杆，像海藻一样嵌在波涛汹涌的石浪上，其中也使用了回收的工业废件。古埃尔工业园区教堂的金属防护窗网是回收的古埃尔纺织厂的废针制成的，外墙上的黑色碎石取自纺织厂的炉渣。在高迪的手中，这些工业化的产物不再枯燥无味，而是重新变成了灵动又精致的艺术品。

古埃尔庄园龙形大门的装配式工业零部件：螺旋钢做的龙颈、金属网面的翅膀

13 Lahuerta, Juan José. Antoni Gaudi: Ornament, Fire and Ashes［M］. Barcelona: Editorial Tenov, 2016:37.

工业废针、废铁重新组合而成的金属界面

在高迪的建筑装饰中，从最原创、最著名的陶瓷马赛克拼贴术到工业构件的重新装配，他总是善于回收利用一些现有的材料并通过装配的方法把它们转化成新的形式。这种物尽其用在现代被称为可持续性发展，或者利用现成品的观念艺术。对高迪来说，物尽其用也是一种对手工艺进行创新的方法。他的原创智慧就在于看到了这些平庸材料的闪光之处。

从另一方面来看，高迪对手工艺的热爱并没有造成他对工业化的完全排斥。除了回收瓷砖、铁质的工业材料，他也尝试过设计模块化的产品。如他为文森之家设计的铁艺大门和花朵图案的瓷砖，虽然用的都是取材自当地的植物图案，但却通过单元制造再重复组合的方式大面积使用。再如他为巴特罗之家设计的海洋主题六边形地砖、为古埃尔公园的座椅设计的两种弧形模件等。虽然他的模块化概念只适用于单独的建筑作品中，并没有付诸大规模生产，但在思想上，高迪并没有像许多工艺美术运动的倡导者那样单纯摒弃工业化，也没有像彻底的现代主义者那样把建筑当成工业产品，而是试图将手工艺的传统与工业时代的需求结合在一起。高迪不仅在精神上终结了工业化的枯燥，也在物质上通过利用工业化的产品，将单一重复转化为了丰富和愉悦。

高迪作品中的模块化重复构件

4.5.2　个性的人形模具

在高迪位于圣家堂的工作间里，我们可以看到许多大大小小的人形石膏模型、骷髅骨架、模特的照片等。这些人形道具是高迪用来推敲圣家堂雕塑造型的工具。他的助手和画家朋友都为他设计诞生立面当过模特，成为雕塑中某位圣徒或天使的原型，这说明高迪对每一个雕塑的形态都进行了严谨的研究。在圣家堂的受难立面中，雕塑家苏比拉什也采用了此方法，用高迪的一张照片为参照做了一个侧面雕像。

圣家堂立面中以真人为模特所做的雕塑，后来的雕塑家为了向高迪致敬，将受难立面的一个人物形象做成了他生前的某张照片上的形象
图片来源：Gaseta de les Arts, Issue 52, 1926

高迪为巴特罗之家和米拉之家设计的门窗把手都非常符合人手的握状，因为它们本来就是以高迪的手为模具捏出来的，蜂窝状的窥视镜是用手指戳出来的洞。他甚至无须设计图，像制作结构模型一样，只是凭直觉和手感就将这些自然形态用黏土或石膏表现出来，再用黄铜翻模。大到一个建筑，小到一个门把手，都贯彻了高迪对功能与美学的双重考量。这也体现出建筑师对细节品质的极度关注。

高迪作品中的窥视镜、黄铜把手，以高迪的手为模具进行造型

高迪的椅子制作也是同理，他让一个模特舒服地坐在石膏板上，等材料定型后就自然地出现了垫子一般的造型，所以古埃尔公园的蛇形座椅都十分舒适。椅子表面的碎瓷片处理完美贴合了这种柔软舒适的人体曲线，又产生出装饰的美感。高迪用橡木制成的座椅也展现出柔软的人形姿态，凹下的椅座部分增加了舒适感，向外张开的扶手便于人们入座。扶手末端涡卷式地内收，恰好可以把手搭握其上。同样地，椅子前腿的突起可以歇脚用，心形的椅背高度恰好可供人靠头……这些支撑身体的“恰当”已经让我们可以想象坐上去的舒适和放松，而更巧妙的是，这把椅子还像高迪的建筑作品一样，通过倾斜的后腿，三段连接的结构，将力学和美学完美地结合在一起。再看巴特罗之家里的这把书桌椅，因为考虑到工作时需要在书桌旁经常搬动，椅背上出现了两个圆形的把手，恰好符合大拇指捏握的形态。还有这些单椅拼成的两人椅、三人椅，不难想象是供多人并坐而设计的，用在客厅等公共区域。高迪对家具的处理同对建筑一样，体现出他对功能性与装饰性的思考。

以手为模具的把手

带有推拉用把手的书桌椅

贴合人体曲线的心形椅

新艺术运动的理想之一是工艺完美和完整统一的室内空间。19世纪以前，家具作品的艺术性由各种手工艺者把握，大多数建筑师对此并不重视。直到新艺术运动提出将艺术融入建筑中成为整体的概念，建筑师们才开始参与建筑的装饰，并设计家具、地板、铺装、玻璃等，从整体上定义其作品。对于家具，高迪认为，家具如果被以恰当的方式做出来，就会成为一种装饰。高迪设计家具如同他在设计建筑时一样，总是考虑如何恰如其分地匹配某处空间的功能或人体的某种姿势。但就像他的每个建筑都表现出不同的性格一样，他对每一个物件的设计几乎都是个性地适用于某一作品的，难以进行大批量生产。虽然后来的很多现代主义建筑师，如柯布西耶，也将家具设计一并考虑到建筑设计中，但与高迪截然相反的是，他们提倡的是与建筑一样可以进行批量复制的家具。高迪对家具的考量与工艺美术运动的时代背景有关，同时也透露出他个人的工匠情怀和对每一个设计的精心与热忱。

以人体模特为模具的曲面座椅

古埃尔公园陆桥上
与栏杆、柱子结合
的石头休息座椅

4.5.3 整体设计观念

高迪认为建筑的美感来自恰当的位置以及合适的大小、形状和色彩。这一设计原则体现在他对建筑每一个角落的精心把控。对他而言，一个作品应该是一个整体，一件家具、一个把手、一面镜子的设计对整体效果的影响都是不可忽视的。为了做到整体设计，高迪与身边许多艺术家、雕塑家、能工巧匠及最好的作坊都保持着多年密切的合作关系，并在砖石、玻璃、铁艺、木工中都表现出了相当高超和具有创新性的技艺水平。他认为建筑师应该了解和利用工匠们的所知所能，并充分利用每个人的长处。其中，高迪与久乔尔的合作最为密切和复杂，甚至有评论家认为高迪作品的阶段性风格转变也和久乔尔的影响有关。久乔尔和高迪一起完成了巴特罗之家中的家具设计、米拉之家中的烟囱设计、古埃尔公园波浪形座椅的陶瓷马赛克拼贴等。作为一个建筑师，高迪了解与工匠合作的必要性。作为一个项目的主导者，他必须首先具备铁艺、木工、砖石、玻璃等工艺门类的基本操作知识，才可以对具体的工作进行指导。同时他也具有宏观的视野，懂得如何将这些不同种类的工艺进行恰当的组合，让细节成为整体的一部分，整体又具备细节的灵动。

高迪作品中的整体设计原则，结构、功能、装饰同等重要

高迪亲手制作的铁艺灯饰

高迪工作室照片中的手工艺制品
图片来源：圣家堂档案馆

新艺术运动风格中很重要的一点是强调手工艺的作用，把建筑中每一个装饰元素看得同等重要。高迪的建筑中充分体现出这一点，这也是他被列为西班牙新艺术运动代表人物的原因。但高迪本人从未把自己归到某种潮流之中，他对材料和手工艺的敏感也许仅仅是因为他是一个锅匠的儿子。高迪充分运用了砖、石、铁、木等传统材料的特性，并创造了陶瓷马赛克工艺法。除了坚固的结构，这些装饰形式也是高迪建筑中很重要的组成部分。装饰的原创性就来自于高迪塑造和组合这些材料所采用的方法。高迪说："建筑作品就是光、雕塑、结构和装饰等的和谐。"他有一种将艺术、雕塑与建筑融合在一起的能力。在高迪工作室的现存照片中，我们可以看到各种三维几何模型、模具、图纸、照片、马赛克和装饰材料，这证明高迪的建筑并不是一时的突发奇想，而是反复推敲、深刻分析的结果。在他的作品中，装饰元素不再只起到表层修饰作用，建筑的形状、结构、功能和装饰是密不可分的。高迪倾向于在设计时将所有的元素一并考虑，不管它们是装饰的、结构的，还是功能的。这也体现出他对建筑的深刻理解。作为一个建筑师，就是需要具有一种综合一切的思考能力。高迪的天才一部分来自童年时培养的观察力和空间感受力，一部分来自强大的逻辑思考能力与创造力，但如果没有对各类建筑技术的精通和熟练操作、孜孜不倦夜以继日的钻研精神、调配工匠的领导力和全局观，恐怕也难以形成高迪在世界范围内、跨越时代的影响力。

与现代主义建筑那种分离结构与装饰的趋向不同，在高迪的建筑中，结构和装饰始终是紧密结合在一起的，所以单从结构或单从装饰方面去分析高迪的作品都是不全面的。高迪不仅是一个结构理性主义者，他还受到其个人经历、民族精神、宗教信仰、哲学思想等感性认识的驱动。他不仅是一个结构师、一个思想家、一个艺术家，还是一个优秀的建筑师。正是因为他善于将许多方面的智慧汇集于一身，才得以让自己在理性与感性、科学与艺术、现实与理想之间找到一种自然的平衡。

第五章

高迪对后人的影响

5.1 历史上对高迪的评价

米拉之家在建成之初曾被人们称为“采石场”、“老鼠洞”、未来的“飞艇舱”等，巴特罗之家又被人们叫作“哈欠屋”和“骨头之家”，但现在这两个作品都成了世界级的文化遗产、巴塞罗那的城市标签，每天都有来自世界各地络绎不绝的游客到此瞻仰大师的杰作。像许多伟大的艺术家一样，一个世纪以来，高迪和他的作品也受到过冷落、怀疑、批判，但后来又被推崇甚至过度神化。民族主义者认为他用建筑弘扬了加泰罗尼亚的传统；天主教信徒认为他的建筑就是一部石头的圣经；艺术家认为他的建筑具有情绪上的感染力；保守主义者认为他的建筑哗众取宠、荒诞怪异；理性主义者认为他过于感性，总是依靠直觉和经验……高迪的作品能够唤起多种不同的诠释。人们往往只对自己能够理解的东西感兴趣，但如果要客观评价高迪的作品，就要把这些不同的方面综合在一起考虑。

大概从 1910 年开始，随着加泰罗尼亚新艺术运动被新一波的世纪风潮[14]（Noucentism）所取代，当时“有品位”的人都开始唾骂起高迪的建筑。这种思潮其实是一种对当时先锋艺术的抵制，追随者们想要回归的是更传统的古典主义。对高迪如何被重新重视有几种不同的说法。从社会意义上来说，让高迪再次走进公众的视角，也许要归功于西班牙艺术家达利。1933 年，高迪去世 7 年后，达利在一本名为《米诺陶洛：超现实主义》的杂志上发表了一篇名为《论新艺术建筑之恐怖可食的美》的文章，高度评价了高迪的建筑。他认为柯布西耶倡导的“居住的机器”应该转化为“造梦的机器”，就像高迪的建筑那样：

> 当我二十一岁的时候，有一天我和我的朋友鲁西德萨勒在受虐狂和新教建筑师勒·柯布西耶的陪伴下共进午餐，众所周知，他是自虐式建筑的发明者。柯布西耶问我是否对他艺术的未来有所了解，我说是的。但我对一切都有想法。我回答说，未来的建筑将是“柔软而多毛的”，我断言说最后一位伟大的建筑天才被称为高迪，他的名字在加泰罗尼亚语中意为“享受”，就像达利意为“欲望”一样。我解释说，享受和欲望是典型的天主教和地中海哥特式，并被高迪重现了。在听我说的时候，勒·柯布西耶似乎吞下了蟾蜍和蛇。
>
> ——萨尔瓦多·达利[15]

1933 年达利参观高迪作品的照片与他评论高迪建筑的文章
图片来源：《米诺陶洛：超现实主义》杂志 3～4 期

14　字面意思为“新的世纪主义”，指的是 20 世纪开始的新风格，由政治和艺术界发起。

15　Salvador Dalí. Los Cornudos del Viejo Arte Moderno, (1956). TUSQUETS Editores. 1990.

也许是因为两人同样来自雷乌斯，也许是因为两人一样具有超越时代的眼光，达利总是能够在高迪的建筑中找到灵感并被唤起无尽的想象。但不同的是，在达利的画作中，柔软的物体总需要被明显的拐杖撑起才显得更加柔软，而高迪建筑的柔软却是由内部隐藏的理性结构支撑起来的。这也说明高迪并不仅仅是一个艺术家，还是一个建筑师。但另一位西班牙艺术家安东尼•塔皮埃斯则认为达利为高迪正名只不过是在利用舆论重新引起社会的关注。塔皮埃斯认为在新一轮的前卫建筑师们和他们的组织GATPAC 团队在 1934 年发表文章重新评论高迪时，人们才开始对新艺术运动有了真正的理解。

在高迪去世的 20 世纪 20 年代，德国包豪斯领导着国际建筑的新潮流，现代主义开始传入巴塞罗那时，极端的理性思想又对高迪的作品进行了新一轮的抨击。1928 年，建筑师柯布西耶应西班牙建筑师约瑟夫•尤义斯•赛特的邀请，来到巴塞罗那参观。柯布西耶到圣家堂时，只有一个诞生立面完成了建设，矗立在杂草和羊群中。可想而知，作为现代主义奠基人的柯布西耶当然不喜欢这座建筑，他指责它有种可怕的巴洛克风格，但他的目光随即被旁边一个不起眼的建筑吸引，那就是圣家堂的临时小学校。这座为工人子女所建的学校当时已经荒废，大门紧闭，但有趣的是，柯布西耶却对它朴素简洁的几何构建称赞有加，并当场迅速画下了一幅草图。其中，他特别描绘了小学校的锥曲面屋顶。其实对建筑作品的评价往往离不开时代的背景和评论者的个人理念。柯布西耶在他晚期出版的《高迪》[16] 一书中写道：

> 1900 年代与“肥皂盒”之间的对立？对我来说，这场冲突并不存在。我在巴塞罗那所看到的高迪作品表现出他的力量、信念和一辈子的石匠的那种非凡的技术能力；他用真正精心构思的轨迹去雕刻眼前的石头。他是 1900 年代的“建造家”，一个擅长摆弄石块、铁和砖的人。现在他的荣耀正在西班牙大放异彩，高迪曾是伟大的艺术家，唯有那些触及人类心灵的东西才永不磨灭，但在漫漫的历史长河中，它们有时也会被粗暴对待，不被人们理解，甚至被世人加以恶名。只有当建

16　Le Corbusier. Gaudí. Barcelona: Polígrafa, 1967.

> 筑意图变得崇高，并且全部困难（结构、经济、技术性和效用）皆因建筑师内心极其充分的准备而被一一化解之时，建筑的意义才能显现出来。建筑是一种果实，它为设计师的坚强品格所孕育，更确切地说，它是建筑师人格的一种体现。
>
> ——勒·柯布西耶

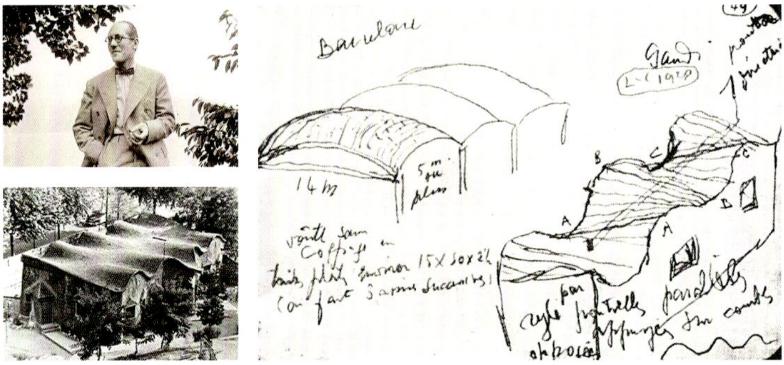

1928 年柯布西耶参观圣家堂时画下的小学校草图
图片来源：https://amf2010blog.blogspot.com/2013/03/gaudi-y-le-corbusier-elogio-de-la-curva.html

但不幸的是，在 1936 年西班牙内战中，军事叛变引起大火，小学校受到了袭击，圣家堂的地下祈祷室也被洗劫，高迪储存其中的档案和模型被毁。同一时期，英国作家乔治·奥威尔曾来到巴塞罗那，也参观了圣家堂。他在随后出版的《向加泰罗尼亚致敬》[17] 中说道：

> 第一次到巴塞罗那时，我去看了教堂——一个现代的教堂，也是世界上最可怕的建筑。他有四个锯齿状的尖顶，就是霍克酒瓶的那种形状。它没像巴塞罗那大多数教堂一样在革命中被破坏。人们说把它留下是因为其“艺术的价值”。我想无政府主义者的品位真不怎么样，因为他们在有机会的时候竟没有将这个建筑炸平，只是在它的尖塔间挂了一条红黑相间的条幅。
>
> ——乔治·奥威尔

17 George Orwell. Homage to Catalonia [M]. London : Penguin in association with Martin Secker & Warburg, 1938.

对于有宗教信仰的人来说，圣家堂是神圣的，但在一个刚刚经历过混乱战争的人眼中，它也许就是“世界上最可怕的建筑”。但即使是在战争期间，仍有许多日本人来参观高迪的建筑，而且来者逐年增多。与当地人的冷漠态度相反，在他们的眼中，高迪的建筑是被尘封的瑰宝。也许是因为这些日本建筑师们较少受到当地社会舆论的左右，所以才能冷静地发现高迪作品中真正的建筑和艺术价值。在以上种种因素的推动下，对高迪的评价越来越正面。1952 年，高迪的百年展举办，专家和评论家陆续发现他的建筑的价值。1956 年，高迪研究会在巴塞罗那成立，研究会专门研究高迪的建筑。许多关于高迪的著作开始出版，关于高迪的展览和学术会议把他的影响带到了全世界。现代主义建筑学派的奠基人之一，公立包豪斯（Bauhaus）学校的创办人瓦尔特 • 格罗皮乌斯对圣家堂精湛的工艺大加赞赏。美国建筑师、“摩天大楼之父”路易斯 • 沙利文高度评价了圣家堂，称其为“最近二十五年来最伟大的建筑创作”，因为它“用石头寓意了精神”。

现在，高迪的建筑在技术、艺术、旅游及传媒领域都引起了世界各国人民强烈的兴趣。加上至今未完成的圣家堂，高迪的七个作品被列入世界文化遗产。同时，因为拥有大部分高迪的作品，巴塞罗那被誉为高迪之城。这对城市的旅游业产生了巨大的推动力，高迪在巴塞罗那的许多建筑目前仍被作为住宅、餐厅或研究机构使用。就像西班牙建筑师约瑟夫 • 尤义斯 • 塞特所预言的那样：“也许，随着现代建筑的不断发展，高迪后期作品的地位将越来越高，人们会更加充分地意识到它们的价值。到了那个时候，高迪作为先锋和先驱的伟大地位才能够得到承认。”

高迪在向教皇介绍圣家堂的设计

图片来源：维基百科

5.2 高迪的继承者们

在过去的一个世纪里，高迪以其卓绝的技艺以及充满想象力的造型设计为一大批世界上最优秀的工程师和建筑师的设计提供了灵感。由他开始，悬链拱的结构重新被应用到许多建筑中。他为数不多的学生之一西塞尔·马丁内利继承了高迪的结构方法在加泰罗尼亚建造了许多葡萄酒厂，因其内部壮观的空间效果和神秘的采光特色被誉为葡萄酒的教堂。还有以结构美著称的巴西建筑师奥斯卡·尼迈耶和西班牙建筑师圣地亚哥·卡拉特拉瓦等，他们也尝试了运用各种复杂合理的几何形式表现建筑的结构，将功能与形式完美融合在一起。西班牙的另一位天才建筑师恩里克·米拉莱斯又被称为“第二个高迪”，他的作品中同样融合了科学与艺术、理性与感性两种不同的理念。我们常能在他的建筑中看到许多夸张的造型，但都控制在合理的结构中。此外，和高迪一样，他也更喜欢柔化建筑的棱角，比如在他的建筑中标志性的圆弧曲线造型，线条看似如同地中海的艺术家那样狂放不羁，但有学者研究过他的草图，发现每一根线条中都蕴含着设计的逻辑。事实上，即使不谈高迪的影响，他们的这些作品也依然是融合结构与艺术美的典范，因为这些现代建筑师模仿的不是高迪的某个拱形，而是高迪的“魂”。归根到底，这些几何建构也不是高迪的发明，只是他从自然这位大师身上学到的。高迪留给后人的宝藏蕴藏在他的思想和方法中。

米拉莱斯在圣家堂画下的草图
图片来源：恩里克·米拉莱斯基金会

西班牙建筑师恩里克•米拉莱斯的设计作品，他被称为“第二个高迪”

日本漫画家井上雄彦的作品封面

日本导演敕使河原宏以高迪命名的电影作品

不仅在建筑界，高迪的创作还影响到了许多艺术与设计相关的领域。在工业设计、服装设计、平面设计等各个领域都能看到高迪作品的影子。高迪传奇的个人经历和思想成果也给了很多艺术家创作的灵感，他们根据高迪的经历写小说、画漫画，把高迪的建筑拍成颂歌式的电影。日本知名导演敕使河原宏在1984年拍摄了一部以高迪命名的电影，电影里的主角就是高迪的那些建筑。导演用了大量蒙太奇手法和独特的配乐把高迪的建筑拍出了诗意的美感。敕使河原宏认为高迪的建筑给了他的创造以鼓舞。曾经创作过《灌篮高手》《浪客行》等知名作品的日本漫画家井上雄彦也曾拜访过高迪的许多杰作，甚至还去过高迪的家乡雷乌斯，最终出版了作品《井上雄彦遇上高迪》，表达他在创作过程中与高迪产生的强烈共鸣。

日本建筑师伊东丰雄站在米拉之家对面自己设计的酒店作品前
图片来源：http://elmundo.es

日本建筑师田中裕也在 1978 年开始测绘高迪的建筑，到现在已经四十余年，期间从未间断过对高迪的研究。日本著名建筑师伊东丰雄、矶崎新、藤本壮介等都表达过自己的创作曾受到高迪的影响。笔者在巴塞罗那的一位日本建筑师朋友，坚持每周三次在同一地点在日出和日落时分拍摄圣家堂的建设过程，为了制作一个几分钟的视频竟坚持了整整一年。还有大批优秀的日本青年建筑师来到巴塞罗那，亲手整理高迪留下的手稿和模型，并参与圣家堂的后续建造，比如圣家堂诞生立面的主雕刻师外尾悦郎。在日本，高迪拥有众多狂热的仰慕者，他们对其作品进行了非常深入的理论研究。也许是因为日本的地理状况和加泰罗尼亚相似——都有一种游离在中心之外的边境感和自由感，所以他们更容易在高迪的文化中找到共鸣。但同时，我们也在这些高迪主义者中看到一种执着追求的精神，他们对建筑大师的崇拜并不流于表面，而是落实到坚持不懈的探索和创作中。

圣家堂诞生立面的主雕刻师
日本雕刻家外尾悦郎
图片来源：http://gaudiclub.com

5.3 圣家堂的今天

从市民公园望向圣家堂

2019 年，建设中的圣母玛利亚塔
图片来源：http://blog.sagradafamilia.org

圣家堂 2026 年模拟效果图
图片来源：http://blog.sagradafamilia.org

圣家堂鸟瞰卫星图
图片来源：谷歌地图

1915 年，建设中的圣家堂
图片来源：维基百科

1929 年，建设中的圣家堂
图片来源：维基百科

模拟 2026 年建成后的圣家堂模型
图片来源：维基百科

在高迪的众多作品中，受关注度最高的便是圣家堂。因为它是唯一一个至今还在建设中的作品。从 1882 年到现在已经过去了一个多世纪。圣家堂的总建筑师乔迪·福利已经在 2013 年宣布圣家堂的修建工程将赶在 2026 年

2019 年，建设中的圣家堂

6 月 10 日高迪逝世 100 周年纪念日前完工，以缅怀这位天才建筑师。高迪其实深知圣家堂是一个浩大的工程，难以在自己有生之年完成，所以他制作了教堂各个部分的设计图及大量缩小比例的建筑模型，以便让后续的建筑师了解他的构想，并且圣家堂的施工一开始主要集中于诞生立面，促进募捐进程的同时也为后世留下了一个范本。历经西班牙内战的动荡、经济的起伏，建筑师们花了数年时间研究旧照片和资料，以推测复原被烧毁的高迪图纸。同时，人们想方设法把模型的残骸一块一块收集起来，用计算机技术复原并解读高迪留下来的信息。现在，因为有了数字化建模技术和 3D 打印技术，设计工作的速度有了飞跃。由于当初为圣家堂提供石料的采石场资源耗尽，现在圣家堂的建造已改用混凝土材料。日本制造的机器人在离地 70 多米高的脚手架上切割复杂的造型，但在巴塞罗那延续了几百年的砌筑方法也仍然可见。传说在 1908 年时，高迪曾为纽约的一个高层酒店设计过一个方案，那是一栋三百多米高的超高层，与圣家堂的高塔如出一辙，酒店房间有巨大的空间和代表五大洲特色的餐厅。这一设计虽然没有实现，但却表达了世纪之交的现代意识，宗教形式也转化为一种对未来大都市的癫狂想象。现今科技突飞猛进，如果高迪能了解到现有的材料和技术，也许也会考虑调整设计方案，因为历史上建筑风格的演变发展绝对离不开科技的进步。

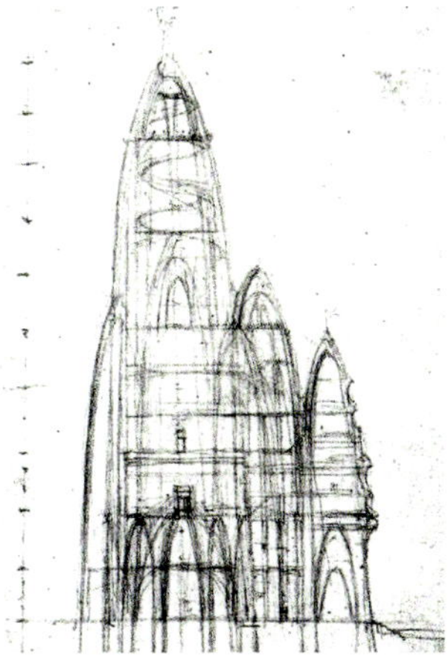

高迪为纽约设计的
摩天大楼手稿，未建成
图片来源：维基百科

使用 3D 打印技术复原的
圣家堂模型

1930 年，档案照片中的圣家堂
图片来源：维基百科

我们看到的圣家堂不仅是一座石头的建筑物，也是一百多年来时代和科技变迁的佐证。各个时期最优秀的建筑师和艺术家都被召集至此，用每个时代最顶尖的技术和智慧把完成圣家堂的建造工作当作是自己的神圣使命。1980 年，年轻的新西兰人马克·博里来到巴塞罗那，参与圣家堂建筑模型的整理工作。当时他还对内部结构的复杂几何形态一头雾水，直到全面了解了高迪的建造思想后，他才成为了圣家堂的执行总建筑师和技术方面首屈一指的专家。博里甚至运用航空航天技术设计出了参数化模型，并使用计算机设备直接对石头进行切割，再现了高迪的设想。而当初高迪仅仅是依靠直觉和模型就能设计出如此复杂的三维空间。其实无论是巴塞罗那本土雕刻家苏比拉什和日本雕刻家外尾悦郎的雕塑，还是博里建造的复杂结构，都与高迪自身的设计有着或多或少的差异，然而这并没有影响到圣家堂整体的和谐性。相反，这些整体和谐下局部风格的改变，反而为圣家堂增加了更为丰富的内涵。我们今天看到的圣家堂其实已经不仅是高迪一个人的天才产物，而是在高迪提供的框架下跨时代的、跨地域的艺术创作作品。它让我们明白，历史和文化的延续并不意味着要我们牺牲创新精神，两者可以和谐共存。

近期仍在建设中的圣家堂
图片来源：谷歌地球

历史上，许多大型教堂的建设都是由多代建筑师共同完成的，比如罗马的圣彼得大教堂、佛罗伦萨的百花大教堂等。在西方，教堂的建设是为了使信众能更接近神，千百年来这一愿望促使结构技术不断进步，教堂也越建越高。若按高迪的设想，圣家堂封顶高度 172.5 米将成为世界上最高的教堂。但现在建设的教堂已经不仅仅是教会与神沟通的宗教场所，它还诉说着一个城市的变迁。现在，除了少部分的捐助款，圣家堂所需的大部分建设资金来自每天络绎不绝的游客。现在它面临的问题不是资金的短缺，也不是时局动荡与社会舆论，相反，是这些疯狂的仰慕者有可能会把它埋葬在辉煌的名誉中。游客们期待建设尽快完工，也许只是为了拍出一张背景更酷炫的自拍照。但作为一个建筑，我们永远不可能把它锁在玻璃展柜中。圣家堂从诞生之日起就不断被质疑或被推崇，它已经不仅仅是一块反映历史的化石，也是一面照射现实的镜子。

参考文献

[1] Ajuntament de Mataró. El Primer Gaudí : la nau de Mataró[M]. DL: Triangle Postals, 2014.

[2] Amsterdam : Museum het Schip. Gaudí and the Amsterdam School [M].2018.

[3] Artigas, Isabel. Antoni Gaudí : complete works [M]. Köln : Evergreen, 2007.

[4] Bassegoda i Nonell, Joan. Antonio Gaudi : master architect [M]. New York ; London ; Paris : Abbeville Press Publishing, 2000.

[5] Bassegoda i Nonell, Joan. El gran Gaudí[M]. Sabadell: Ausa, 1989.

[6] Bassegoda i Nonell, Joan. La Pedrera de Gaudí[M]. Barcelona: Fundació Caixa de Catalunya, 1989.

[7] Bergós Massó, Joan. Gaudí : el hombre y la obra. 2a [M]. Barcelona: Lunwerg, 1999.

[8] Bohigas, Oriol. Reseña y catálogo de la arquitectura modernista [M]. Barcelona: Lumen, 1983.

[9] Burry, Mark. Expiatory church of the Sagrada Familia : Antoni Gaudí[M]. London: Phaidon, 1993.

[10] Burry, Mark. Gaudí Unseen : completing the Sagrada Família [M].Berlin:Jovis, 2007.

[11] Buxadé Ribot, Carles. The Basilica of the Sagrada Família[M]. Barcelona : Fisa Escudo de Oro, 2016.

[12] Carlos Flores. Gaudi, Jujol y el Modernismo Catalan [M].Barcelona: Editorial Aguilar, 1982.

[13] Castellar-Gassol, Juan. Gaudí, the Life of a Visionary[M]. Barcelona: Edicions de 1984, 1999.

[14] Cirlot, Juan-Eduardo. Gaudí : an introduction to his architecture [M]. Triangle Postals, 2010.

[15] Corredor-Matheos, Jose. La Pedrera (Casa Milà) [M]. Barcelona: Fundació Caixa Catalunya, 2010.

[16] Giralt-Miracle, Daniel. Gaudí: la recerca de la forma: Espai, geometria, estructura i construcció[M]. Barcelona: Ajuntament de Barcelona, 2002.

[17] G. R. Collins. Antonio Gaudi: Structure and form[J]. Perspecta, 1963: 63-90.

[18] Güell, Xavier. Gaudi guide [M]. Barcelona : Gustavo Gili, 1991.

[19] Hitchcock Henry-Russell. Architecture: Nineteenth and Twentieth Centuries [M]. Baltimore: Penguin Books, 1958.

[20] Lahuerta, Juan José. Antoni Gaudi: Ornament, Fire and Ashes [M]. Barcelona: Editorial Tenov, 2016.

[21] Martinell, Cèsar. Gaudí: his life, his theories, his work[M]. Cambridge, Massachusetts: The MIT Press, 1975.

[22] Martínez i Lapeña, Josep Antoni. Park Güell[M]. Barcelona : Gustavo Gili, 2002.

[23] Matsukura, Yasuo. Gaudí –camino de un diseño[M]. Fukuoka,1978.

[24] Oscar Riera Ojeda. Sagrada Familia : Gaudí's unifinished masterpiece : geometry, construction and site[M]. Shenzhen : Oscar Riera Ojeda, 2014.

[25] Puig Boada, I. El pensament de Gaudí[M]. Barcelona: Col•legi d'Arquitectes de Catalunya, 1981.

[26] Puig Boada, Isidre. L'església de la Colònia Güell[M]. Barcelona: Lumen,1986.

[27] Ramírez, Juan Antonio. The Beehive metaphor : from Gaudí to Le Corbusier [M]. London : Reaktion Books, 2000.

[28] Robert Radford. Gaudí. Barcelona [J]. The Burlington Magazine, 2002(144): 573-574.

[29] Robinson, William H. Barcelona and Modernity : Picasso, Gaudí, Miró, Dalí[M]. New Haven : Yale University Press, 2006.

[30] Roe, Jeremy. Antoni Gaudí[M]. New York : Parkstone Press International, 2009.

[31] Sert, JosepLluís. Antoni Gaudí[M], London : The Architectural Press, 1960.

[32] Tomlow, Jos. The Model : Antoni Gaudi's hanging model and its reconstruction[M]. Stuttgart: Institut für leichte Flä chentragwerke, 1989.

[33] 董豫赣 . 文学将杀死建筑 [M]. 北京 : 中国电力出版社，2007.

[34] 董元铮 . 璀璨的手工艺传统与迷人的数字技术——西班牙圣家族教堂的历史变迁 [J]. 建筑技艺，2009(4).

[35] 后德仟 . 空间思想家高迪和中西形意的比较 [D]. 巴塞罗那：加泰罗尼亚理工大学，1988 .

[36] 后德仟 . 高迪的现代主义和现代建筑意识 [J]. 建筑学报，2003(4).

[37] 柯卫 . 结构理性主义及超历史技术对奥古斯特 • 佩雷与安东尼 • 高迪的影响 [J]. 时代建筑，2015(6).

[38] 李涵 . 安东尼 • 高迪建筑作品及其创作思想研究 [D]. 西安：西安建筑科技大学，2017.

[39] 李晓霞 . 安东尼 • 高迪与西班牙的新艺术运动 [J]. 装饰，2003(3).

[40] 林达 . 西班牙旅行笔记 [M]. 北京：生活 • 读书 • 新知三联书店，2007.

[41] 刘晨 . 加泰罗尼亚拱与陶瓷马赛克 : 安东尼 • 高迪的寻根之旅 [J]. 时代建筑，2015.6

[42] 建筑世界杂志社 . 前卫建筑师安东尼奥 • 高迪 [M]. 刘河，译 . 天津：天津大学出版，2002.

[43] 帕科 • 阿森修 . 安东尼 • 高迪和萨尔瓦多 • 达利 [M]. 谢珺岩，译 . 西安：陕西师范大学出版社，2004.

[44] 王受之 . 世界现代建筑史 [M].1 版 . 北京 : 中国建筑工业出版社，1999.

[45] 威廉 •J.R. 柯蒂斯 . 20 世纪世界建筑史 [M]. 本书翻译委员会，译 . 北京：北京建筑工业出版社，2011.

[46] 张敏 . 安东尼 • 高迪的建筑镶嵌艺术 [J]. 装饰，2007(2).

[47] 镇列评 . 解读高迪 [J]. 世界建筑，2000(12).

[48] 镇列评 . 建筑的传教士——高迪和圣家族教堂 [J]. 新建筑，2008(2).

[49] 朱迪思 • 卜梅尔 • 亚瑟 . 安东尼 • 高迪 [M]. 张帆，译 . 北京：中国轻工业出版社，2002.

后记

中国有几位建筑学者也曾对高迪的成就和思想进行过深入的探讨。1987年，后德仟教授在高迪研究专家胡安·巴格达指导下完成了博士论文《空间思想家高迪和中西形意的比较》，文中提出了一个新颖的结论，他认为高迪的思想相比西方，其实更接近于中国传统文化思想。因为高迪在创作中运用了许多高级的隐喻，表达了深刻的哲学思想。建筑师董豫赣在《为什么纪念高迪》一文中将高迪的成就归于一系列的偶然与奇迹，如“偶然是一个手工艺世家的后代，偶然避开了时代的碾压，奇迹般地得到了贵族和工业巨子的双重恩宠”等，认为高迪没有像柯布西耶、密斯等大师那样，用建筑思想影响或改变一个时代。台湾学者汉宝德教授则认为高迪是一个“实干的人”，他的建筑至少起到了“启发想象，欢娱世人”的作用。

高迪确实没有像柯布西耶那样，对时代产生过颠覆性的影响。新艺术运动也很快被淹没在人们追逐现代建筑的洪流中。也许在我们的时代，高迪的巨大影响很大程度上还是通过旅游业和传媒业推动的，因为每一个到过巴塞罗那的人一定都记住了高迪的名字。但如果抛开那些浮夸的包装和鼓吹，仅仅把他看作一个平凡的建筑师，高迪依然有很高的职业能力和素养，值得我们去学习和纪念。

虽说时势造英雄，但高迪也对“时势”时刻保持着关注，他充分了解新兴资产阶级、宗教信徒、社会主义者等各自需要什么样的建筑，也知道如何把自己的才能与这些需求结合在一起。虽说高迪有一位奇迹般的贵人古埃尔相助，但如果有一天我们也幸运地被这样一个“金主”甲方委托设计，却没有高迪那样一流的才能和过人的毅力，恐怕也难以创造出和他一样伟大的作品。虽说高迪接手圣家堂的建设是受到曾经的老师举荐，但如果不是在学生时代就开始勤奋实践，用实力打动了老师，也许圣家堂的继任者不会是他。虽说高迪与生俱来的天资我们可能并不具备，但如果没有扎实的专业知识和刻苦的钻研精神，他也不可能在大型的工程中如此自信，游刃有余地创造出新的结构。虽说我们可能难以拥有高迪那样众多优秀的合作者，但我们仍然可以充分了解各位合作者之长并加以协调。虽说你我不是恰巧出生在一个手工艺世家，但我们依然能够从万物中观察出建筑的逻辑和哲学。

高迪的成长和职业经历中确实充满了“偶然”的天时、地利、人和，但他也具备了许多“必然”的职业素养，并努力让自己的天赋能够充分发挥出来。无论你是一个正在成长的学生，一个成熟的职业建筑师，还是一个建筑理论家，也许都能从高迪的成就中找到自己的短板，因为高迪几乎综合了所有优秀建筑师应有的特征。虽然他的人生中也有过很多不如意，就连他的死因也很令人惋惜，但他作为一个建筑师的一生是辉煌的，令人羡慕的。我们谁都难以成为第二个高迪，但我们谁都可以从他的人生中看到一部分自己的未来。

高迪的建筑作品也带给我们无限的灵感。如果你是以一个工程师的视角，它们也许是造诣非凡的结构典范；如果你是以一个艺术家的视角，它们也许就是浪漫主义情感的自由表达。高迪知道如何以一种兼顾的方法进行建筑创作，让技术和艺术并行不悖。他在科学的理性中注入了人文的情感。这两种力量也许都是他从对自然规律的观察中获得的，自然既给了他科学方法的原点，又给了他无限的艺术想象。这种观察力也许是我们同样可以具备的。但相反，我们永远不要试图单纯地去模仿高迪建筑的外形。就像高迪研究专家胡安·巴塞格达·诺内尔所说：“高迪是一个不可模仿的人物。任何模仿的企图，定遭失败。”如果模仿了古埃尔公园的外形，也许就会出现像“重庆最牛公厕”这样尴尬的“网红”建筑。但如果你是以一个游客的视角看待高迪的作品，它们也许会成为朋友圈中的常客、到巴塞罗那打卡的“网红”建筑首选。高迪的建筑作品在当代社会似乎变得越来越平面。很多人选择去观看，但很少有人再愿意静下心来思考。借此次大师系列丛书的出版，笔者希望自己对高迪作品的这点有限的思考，能够对中国的建筑学生、从业者及艺术爱好者有所启迪，也希望能引发更多的阐释和不同的观点。高迪的个人经历和作品思想涉及大量的历史知识、社会背景和复杂的建筑结构理论，本书编写若有纰漏，还请读者见谅并提出宝贵的意见。

本书中未标注来源的图片皆为作者自行拍摄或绘制而成。

鸣谢

本书得以出版首先需要感谢天津凤凰空间文化传媒有限公司，特别是编辑曹蕾对工作的负责态度和在英文沟通材料上的悉心相助。还要感谢在西班牙加泰罗尼亚理工大学的教授路易斯·布拉沃·法雷先生慷慨提供的书籍资料；感谢加泰罗尼亚理工大学高迪档案馆提供观看高迪草图的机会，感谢拉胡塔·胡安·何塞教授在参观中的讲解；感谢加泰罗尼亚理工大学图书馆、巴塞罗那大学艺术学院图书馆、庞培法布拉大学图书馆提供的书籍和文献；感谢雷乌斯高迪之家提供的高迪日记文档。他们都为本书的写作提供了大量资料和灵感。最后，也必须要感谢在巴塞罗那调研和写作期间，为我提供珍贵素材和宝贵建议的学生们，包括但不限于朴正秀、土田友甫、拉雅·博盖拉、玛塔·布格斯、李奕洋、秦云、王钰、胥倜、朱晔、岳文博、黄大卫等。没有这些组织和个人的协助，本书的完成和出版一定难以达成。

张一梦

2019 年 12 月

图书在版编目（CIP）数据

一本书读懂安东尼·高迪 / 张一梦著. -- 南京 : 江苏凤凰科学技术出版社, 2020.9

ISBN 978-7-5713-1303-6

Ⅰ. ①一… Ⅱ. ①张… Ⅲ. ①高第(Gaudi, Antoni 1852-1926)－生平事迹 Ⅳ. ①K835.516.16

中国版本图书馆CIP数据核字(2020)第136896号

一本书读懂安东尼·高迪

著　　者　张一梦
项目策划　凤凰空间 / 曹　蕾
责任编辑　赵　研　刘屹立
特约编辑　曹　蕾

出版发行　江苏凤凰科学技术出版社
出版社地址　南京市湖南路1号A楼　邮编：210009
出版社网址　http://www.pspress.cn
总　经　销　天津凤凰空间文化传媒有限公司
总经销网址　http://www.ifengspace.cn
印　　刷　河北京平诚乾印刷有限公司

开　　本　710mm×1000mm　1/16
印　　张　11
字　　数　162 000
版　　次　2020年9月第1版
印　　次　2020年9月第1次印刷

标准书号　ISBN 978-7-5713-1303-6
定　　价　68.00元